Morgane Peyrot

Heilpflanzen

70 Arten entdecken und bestimmen

Illustriert von Lise Herzog

Aus dem Französischen von Felix Mayer

Anaconda

Verwendete Symbole

30 bis 60 cm Größe

J F M A M J J A S O N D Erntezeit / Blütezeit

⚠ Vorsicht bei der Anwendung

Lizenzausgabe mit freundlicher Genehmigung
Titel der französischen Originalausgabe:
Le petit guide des plantes médicinales

MIX
Papier aus verantwortungsvollen Quellen
FSC® C004378
FSC
www.fsc.org

Penguin Random House Verlagsgruppe FSC® N001967

Die Deutsche Nationalbibliothek verzeichnet diese Publikation in der Deutschen Nationalbibliografie; detaillierte bibliografische Daten sind im Internet unter http://dnb.d-nb.de abrufbar.

Umschlaggestaltung: dyadesign, Düsseldorf, www.dya.de unter Verwendung von Motiven aus dem Innenteil
Satz und Layout: InterMedia – Lemke e. K., Heiligenhaus
Druck und Bindung: PB Tisk, a.s., Pribram
Printed in Czech Republic
ISBN 978-3-7306-1012-1
www.anacondaverlag.de

Einleitung

Über dieses Buch

Die Verwendung von Pflanzen als Heilmittel war in unserer Kultur einmal eine alte und reichhaltige Tradition. Man trank Kamillentee oder Lindenblütentee, um besser einschlafen zu können, legte die Blätter des Spitzwegerichs auf, um Insektenstiche oder Hautreizungen durch Brennnesseln zu lindern, und vieles mehr. Solche Hausmittel kamen über Generationen hinweg zum Einsatz. Ob sie nun lecker waren (Raukensirup oder Klatschmohnsirup) oder unangenehm oder sogar schmerzhaft (Rizinusöl oder die entsetzlichen Senfwickel!), sie alle hatten die gewünschte Wirkung. Heutzutage verspüren viele Leute den Wunsch nach einer Rückkehr zu einer naturnahen Medizin, die sowohl den Menschen als auch die Umwelt respektiert. Sofern man einige Grundkenntnisse besitzt und den gesunden Menschenverstand sowie die gebotene Vorsicht walten lässt, können zahlreiche Pflanzen, die allesamt leicht zugänglich und einfach in der Anwendung sind, wirkungsvoll als Heilmittel verwendet werden. Und genau darum geht es in diesem Taschenführer. Er stellt Ihnen siebzig Wildpflanzen vor, die nachweislich heilende Wirkung haben und aus denen Sie Ihre eigenen Heilmittel herstellen können.

Dieses Büchlein wendet sich an alle, die mehr über die wichtigsten wilden Heilpflanzen und ihre jeweiligen Wirkungen sowie ihre grundlegenden Anwendungsarten bei der Behandlung gängiger Erkrankungen erfahren möchten. In der Einleitung lernen Sie durch detaillierte botanische Ausführungen die Begriffe kennen, die Sie zur Bestimmung der

Pflanzen, für ihre Anwendung sowie für die einfachsten Aufbereitungsarten brauchen. Darüber hinaus wird erläutert, wie man Pflanzen möglichst schonend erntet und gezielt verwendet, um so alle Risiken zu vermeiden, die die Selbstmedikation mit sich bringen kann.

Aufbau des Buches

Jede Pflanze wird auf zwei Seiten ausführlich beschrieben. Aufgeführt werden dabei: der Trivialname und der wissenschaftliche Name der Pflanze, die Pflanzenfamilie, zu der sie gehört, Größe, Blüteperiode, Erntezeit, Erscheinungsbild (einschließlich einer Illustration mit den charakteristischen Merkmalen, die die Bestimmung erleichtern), falls erforderlich, die Abbildung einer ähnlichen Pflanze, mit der Verwechslungsgefahr besteht, geografische Verbreitung und Standort, medizinische Eigenschaften, therapeutische Anwendungsmöglichkeiten sowie – in der Rubrik »Besonderheiten« – Anekdotisches und Wissenswertes.

Das Buch gliedert sich in fünf Teile, die jeweils einem bestimmten Lebensraum gewidmet sind:

1. **Nutzflächen:** Böden, die durch Landwirtschaft oder Straßenbau bearbeitet und verändert wurden (Äcker, Gärten und Grünflächen bzw. Böschungen und Straßenränder).

2. **Wiesen:** baumlose, hauptsächlich mit Gräsern bewachsene Flächen an Wegrändern und in offenem Gelände, wie etwa Trockenwiesen oder Blumenwiesen, Rasenflächen, kalkhaltige Anhöhen etc.

3. **Wälder und Hecken:** Waldränder, dunkle Wälder, lichte Wälder etc.

4. **Feuchtgebiete:** alle Arten von Wasserflächen, feuchten Regionen, Überschwemmungsgebieten und wassernahen Gebieten (Flussdeltas, Feuchtwiesen, Moore, Sümpfe, Seen und Bachläufe, Uferböschungen, Küstenregionen etc.).

5. **Berge:** alle Lebensräume in Gebirgsregionen.

Wo eine Pflanzenart sich ansiedelt, hängt von zahlreichen Faktoren ab. Im Folgenden wird jeweils der bevorzugte Lebensraum der Pflanze genannt, also die Geländeart, in der sie am wahrscheinlichsten anzutreffen ist. Doch oft sind Arten auch in anderen Gebieten zu finden.

Blütenpflanzen

Wozu auch immer man Pflanzen verwenden will – man muss mit ihnen vertraut sein. Die meisten der Pflanzen, die uns umgeben, sind Blütenpflanzen. Sie werden bestäubt, befruchtet und bilden dann Früchte aus, die wieder neue Samen enthalten. Diese Samen sind ein wahrer Geniestreich der Evolution: Sie sind äußerst robust und schützen dadurch den Keimling vor klimatischen Unbilden, und sie werden auf die unterschiedlichsten Arten verbreitet (mit dem Wind, durch Insekten, durch Vögel etc.). Die Samen sind der Schlüssel zum evolutionären Erfolg und zur Artenvielfalt der Blütenpflanzen. Diese Pflanzen besitzen eine Vielzahl von Organen, von denen jedes eine bestimmte Funktion hat. Man muss sie gut kennen, ebenso wie ihre unterschiedlichen Ausgestaltungen, zum einen, um die Wildpflanzen in der Natur bestimmen zu können, zum anderen, um aus ihnen wirksame und ungefährliche Heil- und Hausmittel herstellen zu können. Die Konzentration der Wirkstoffe kann zwischen den einzelnen Organen variieren (etwa zwischen Blättern und Wurzeln), und die jeweils geeignete Pflanze muss gezielt ausgewählt werden, je nachdem, welche Erkrankung behandelt werden soll und wodurch sie verursacht wurde.

Aufbau einer Blütenpflanze

Wurzeln

Über die Wurzeln nimmt die Pflanze Mineralsalze und das für die Photosynthese erforderliche Wasser auf. Außerdem verankern sie die Pflanze im Boden und tragen so dazu bei, dass sie aufrecht wächst. Die Wurzeln können unterschiedliche Formen haben (unterirdischer Wurzelstock, Rhizome oder Knollen), und bei manchen Arten übernehmen sie zusätzliche Funktionen, wie etwa bei Karotten und Speiserüben die Speicherung von Nährstoffen. Sie sind reich an biologisch aktiven Molekülen, und die Wurzeln etlicher Pflanzen (wie etwa Löwenzahn, Klette oder Eibisch) werden in der Phytotherapie regelmäßig verwendet. Weil die Wurzeln jedoch nicht zu sehen sind (außer man reißt die Pflanze aus, was man nur mit großer Sorgfalt und aus gutem Grund tun sollte), sind sie bei der Bestimmung keine Hilfe.

Sprossachse

An der Sprossachse (dem Stängel) befinden sich, getrennt durch die Internodien, die Sprossknoten, an denen die oberirdischen Pflanzenorgane sitzen (Blätter, Blüten, Früchte etc.). Im Inneren der Sprossachse verlaufen die Leitbündel, die Nährstoffe und Pflanzensäfte bis in die Spitzen der Pflanze transportieren. Aufbau und Form der

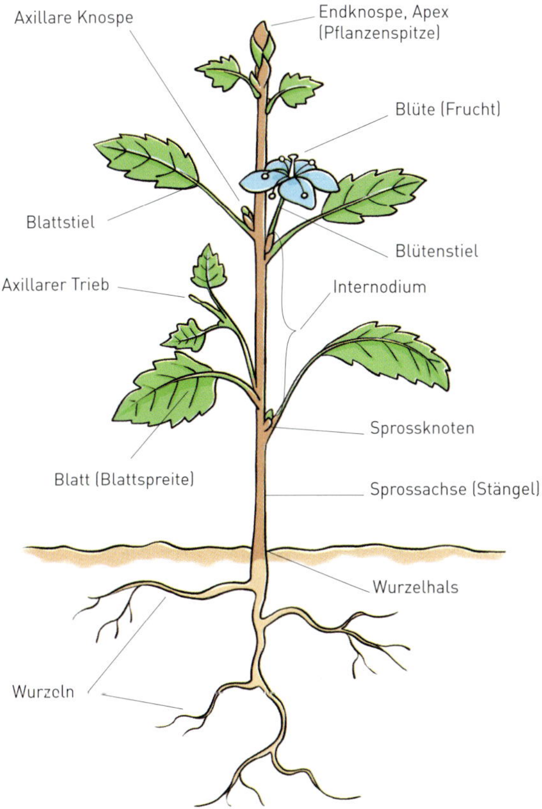
Axillare Knospe
Endknospe, Apex
(Pflanzenspitze)
Blüte (Frucht)
Blattstiel
Blütenstiel
Axillarer Trieb
Internodium
Sprossknoten
Blatt (Blattspreite)
Sprossachse (Stängel)
Wurzelhals
Wurzeln

Sprossachse geben wichtige Hinweise für die Bestimmung des jeweiligen Exemplars. Ist sie weich, wie bei Gräsern, oder holzartig? Ist ihr Inneres hohl oder ausgefüllt? Ist sie außen glatt oder gerillt? In der Pflanzenheilkunde spielt die Sprossachse keine große Rolle, nur von manchen Bäumen und Sträuchern (Weide, Birke oder Faulbaum) wird die Rinde verwendet.

Blätter

In den Blättern befindet sich der Großteil der Zellen, in denen mithilfe von Chlorophyll Photosynthese betrieben wird. Ein Blatt besteht aus der Blattspreite, die entweder durch einen Blattstiel mit der Sprossachse verbunden ist oder ungestielt auf der Sprossachse sitzt. Die Anordnung der Blätter (gegenständig, wechselständig oder quirlig), ihr Aufbau (einfach oder zusammengesetzt), ihre Form (rund, oval, lanzettförmig etc.) sowie der Rand der Blattspreite (glatt, gezackt etc.) sind allesamt Merkmale, die bei der Bestimmung einer Pflanze helfen können. Weil sie reich an biologisch aktiven Molekülen und leicht zugänglich sind, werden die Blätter am häufigsten zu Heilzwecken verwendet.

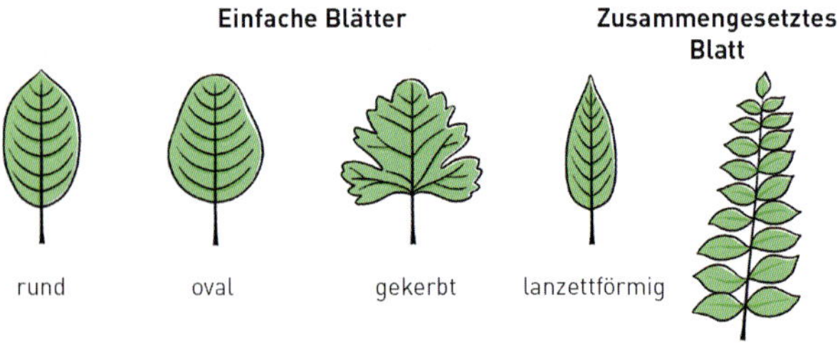

Rand der Blattspreite

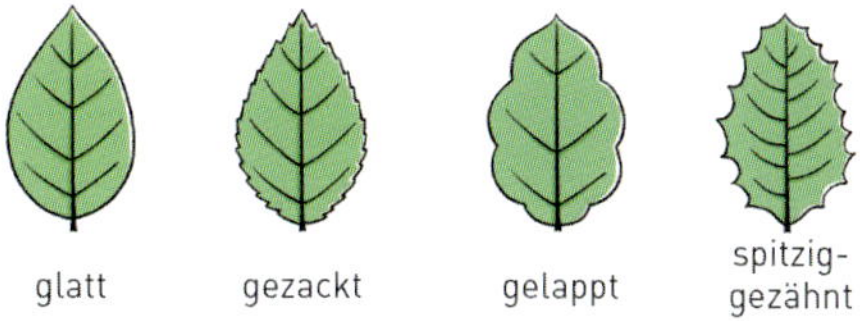

Anordnung der Blätter an der Sprossachse

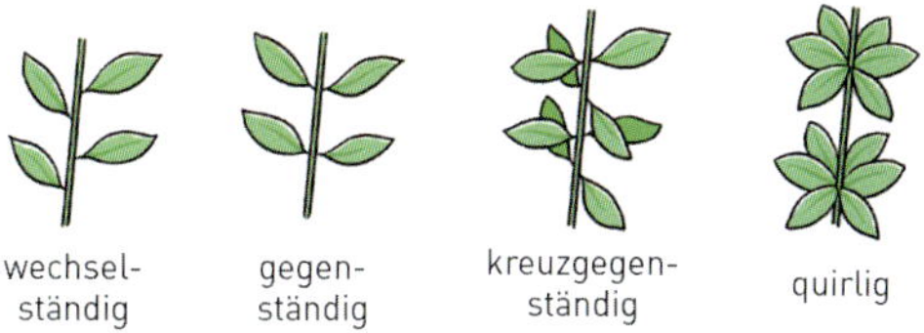

Blüten

Die Blüten ermöglichen den Pflanzen, sich geschlechtlich zu vermehren. Bestandteile der Blüten sind die Staubblätter (die männlichen Organe), die den Pollen erzeugen, und der Stempel (das weibliche Organ) mit den Samenanlagen. Die genaue Ausgestaltung der Blüte (Form, Anzahl der Blütenblätter, Art des Blütenstandes: einfach oder zusammengesetzt, Dolde oder Korb) kann bei der Bestimmung der Pflanze hilfreich sein. Daher ist es leichter, sich mit Pflanzen vertraut zu machen, wenn man sie während der Blütezeit studiert. Wie die Blätter werden auch die Blüten in der Pflanzenheilkunde häufig verwendet.

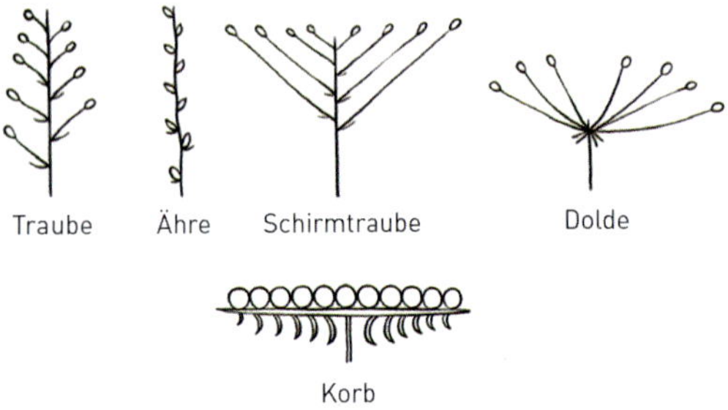

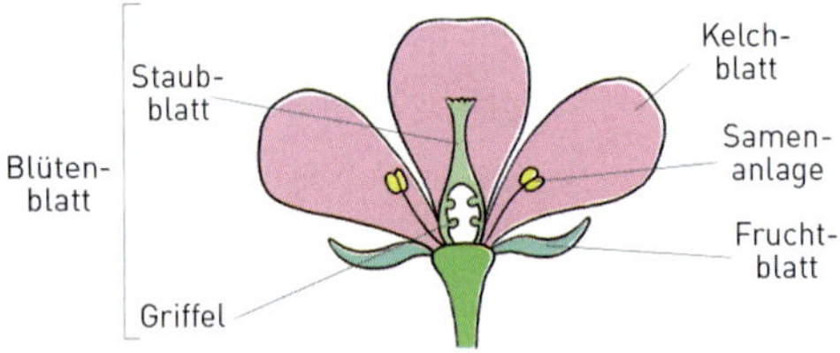

Früchte

Früchte entstehen durch die Verwandlung bestimmter Blütenteile. Sie können trocken oder fleischig sein, einfach oder zusammengesetzt, und sie können die Form von Hülsen, Beeren oder Schoten haben. Auch die Früchte dienen als Unterscheidungsmerkmal bei der Bestimmung, und die kleinen essbaren Früchte wilder Pflanzen können sowohl eine interessante Ergänzung des Speiseplans darstellen als auch bestimmte Heilwirkungen haben.

Samen

Wenn die Samenanlage befruchtet wird, entstehen die Samen. Jeder Samen umhüllt und schützt einen Keimling. Ein Samen besteht für gewöhnlich aus einer festen Samenschale, die nährstoffhaltiges Gewebe umschließt. Manche Samen enthalten biologisch aktive Moleküle oder Substanzen, die sich die Heilkunde zunutze macht (so beruhigen etwa die Schleimstoffe der Flohsamen das Verdauungssystem und wirken abführend).

Heilpflanzen

Exkurs: Was ist eine Heilpflanze?

Das Französische Arzneibuch definiert Heilpflanzen wie folgt: »Heilpflanzen sind pflanzliche Arzneistoffe im Sinne des Europäischen Arzneibuchs mit mindestens einem medizinisch wirksamen Bestandteil. Heilpflanzen können auch als Nahrungsmittel, als Gewürze oder zu hygienischen Zwecken verwendet werden.«

Jahrtausendealtes Wissen

Die Pflanzen, die uns umgeben, besitzen wirksame Heilkräfte, die außerordentlich stark sein können. Das ist schon seit Tausenden von Jahren bekannt. Bei den Sumerern werden Heilpflanzen schon um das Jahr 3000 v. Chr. erwähnt. Auch die alten Ägypter nutzten Pflanzen zu medizinischen Zwecken und verwendeten pflanzliche Substanzen auch bei Bestattungsritualen. In der griechischen Antike haben Philosophen dieses umfassende Wissen, das auf Papyrusrollen festgehalten wurde, abgeschrieben und weiterverbreitet. Immer mehr medizinische Werke entstanden, wie etwa das berühmte Buch *De materia medica* des griechischen Arztes und Botanikers Dioskurides. Auch im China der Kaiserzeit, in Indien, bei den Kelten und in den Klöstern des europäischen

Mittelalters entstanden pharmakologische Verzeichnisse, die dabei halfen, die unterschiedlichsten Beschwerden zu lindern und zu heilen. Heute scheint es dringend geboten, diesem Wissen, das im Lauf der Zeit neben den Produkten der Pharmaindustrie immer mehr vernachlässigt wurde, wieder zu seinem Recht zu verhelfen.

Warum sollten wir zu Heilpflanzen greifen?

Das Verfahren der »chemischen Medizin« besteht darin, ein einziges biologisch aktives Molekül zu isolieren und es dann als Grundlage für ein Medikament zu verwenden. Betrachtet man jedoch den komplexen molekularen Aufbau von Pflanzen, so stellt man fest, dass ihre Wirkung durch das Zusammenspiel Dutzender (oder sogar Hunderter) Moleküle entsteht. Diese Gesamtheit (das sogenannte *totum*) kann nur aktiviert werden, wenn man ganze Pflanzenteile verwendet. Indem man Heilmittel aus unverarbeiteten Pflanzenteilen herstellt (Blätter, Stängel, Wurzeln), kann man sich diese positiven Wirkungen zunutze machen. Immer mehr Forschungsarbeiten bestätigen die therapeutische Wirksamkeit zahlreicher Pflanzen. Wie schnell pflanzliche Naturheilverfahren wirken, hängt von der behandelten Person ab; manchmal wirken sie, anders als man gemeinhin glaubt, ziemlich rapide. Pfefferminzöl kann schon innerhalb weniger Minuten Kopfschmerzen lindern oder die Verdauung beruhigen, und mit Tee aus Grauer Glockenheide können die Beschwerden einer Blasenentzündung schon nach zwei Tagen vorbei sein!

Die wichtigsten Anwendungsarten

Mit den Formen der Verarbeitung, die im Folgenden beschrieben werden – allesamt leicht und ohne Aufwand durchzuführen –, können Sie Wildpflanzen problemlos in Ihre Hausapotheke integrieren. Es handelt sich dabei um die wichtigsten Verfahren der traditionellen Heilkunde; darüber hinaus gibt es aber natürlich noch viele weitere. Die Angaben zu Mengen und Dosierungen sind Durchschnittswerte und müssen jeweils der Pflanze, den Beschwerden und dem Patienten angepasst werden. **Die genaue Dosierung muss sich in jedem Fall nach einer Verschreibung richten und von einem Fachmann überwacht werden!**

Tee

Tee lässt sich aus zahlreichen Pflanzenarten zubereiten. Das Verfahren ist (fast immer) kinderleicht, und es gibt unbestritten keine einfachere Methode, um Pflanzen zu therapeutischen Zwecken zu verwenden. Bei der Zubereitung von Tee werden aus den empfindlichsten Teilen der Pflanze (Blätter und Blüten) die Wirkstoffe extrahiert und in Wasser gelöst. In der Regel bedeckt man das Pflanzenmaterial dabei mit siedendem Wasser. Am besten verwenden Sie hierzu eine Teekanne oder einen Behälter aus Edelstahl (nicht aus Eisen oder Aluminium) und einen Deckel, damit flüchtige Moleküle nicht mit dem Dampf verloren gehen. Nehmen Sie im Normalfall 30 Gramm getrocknetes Pflanzenmaterial pro Liter und trinken Sie den Tee über den ganzen Tag verteilt, mindestens drei Tassen pro Tag. Aufbewahren können Sie Tee maximal 12 Stunden (bei Zimmertemperatur) bzw. 24 Stunden (gekühlt).

Sud

Ein Sud wird so ähnlich zubereitet wie Tee, verwendet werden dabei jedoch die harten Pflanzenteile (Wurzeln, Rinden, Stängel), denen durch die Zubereitung schwerere

Substanzen entzogen werden. Man geht dabei etwas anders vor: Geben Sie die Pflanzenteile in kaltes Wasser, bringen Sie es zum Kochen, lassen Sie es 15 Minuten lang sieden, warten Sie, bis es abgekühlt ist, und gießen Sie es ab. Der Topf muss während der Zubereitung immer geschlossen sein. Die Mengenangaben sowie die maximalen Aufbewahrungszeiten entsprechen den Werten für Tee.

Tinktur

Zur Herstellung einer Tinktur (eines sogenannten hydroalkoholischen Extrakts) werden frische, manchmal auch getrocknete Pflanzenteile in eine Mischung aus Wasser und Alkohol gegeben. Im anschließenden Prozess der Mazeration werden ihnen dann die Wirkstoffe entzogen. Dieser Vorgang dauert zwischen einigen Tagen (für Tinkturen mit kräftigerem Aroma) und zwei Wochen. Der Alkoholgehalt ist variabel – er liegt zwischen 45 % und 96 % –, so wie auch das Mengenverhältnis zwischen Alkohol und Wasser, das sich nach der geplanten Art der Anwendung richtet. Weil hier nicht alle möglichen Zubereitungsarten von Tinkturen aufgeführt werden können, besorgen Sie sich am besten einen entsprechenden Ratgeber.

Ölauszug

Ölauszüge, auch Ölmazerate genannt, dienen der äußeren Anwendung. Heutzutage werden sie vor der Verwendung meist erwärmt, sie können aber auch, ganz traditionell, kalt aufgebracht werden. Eine kalte Anwendung dauert länger (drei bis vier Wochen), führt aber zu größeren Heilerfolgen. Man kann für einen Ölauszug gängige Öle wie Sonnenblumenöl oder Olivenöl verwenden; diese sind lange haltbar, wodurch der Auszug dann ein bis drei Jahre verwendbar ist. Achten Sie bei der Herstellung immer darauf, dass die Pflanzen vollständig bedeckt sind.

Ernte und Aufbewahrung

Heutzutage ist – in vielen Geschäften, nicht nur in spezialisierten Kräuterhandlungen – eine Vielzahl von Heilpflanzen erhältlich, und das in den unterschiedlichsten Formen (getrocknet, als Tinktur, als Hydrolat etc.). Am besten sammeln Sie Ihre Pflanzen jedoch im Sommer selbst. Lassen Sie sie anschließend bei Zimmertemperatur an der Luft trocknen, an einem Ort, der weder zu heiß noch zu feucht ist. Binden Sie sie zu kleinen Sträußen und hängen Sie diese auf, oder breiten Sie sie einfach auf einem Stück Stoff aus. Sie können dazu auch einen Trockenrahmen verwenden, den Sie ganz leicht selbst herstellen können: Spannen Sie einfach ein Tuch oder ein Stück dünnen Stoff über einen Holzrahmen. Auch im Ofen können Sie Pflanzen trocknen, allerdings nur bei Temperaturen bis 40 °C. Pflanzen trocknet man immer im Ganzen, um den Verlust von Wirkstoffen zu vermeiden. Gemahlen oder geschnitten werden sie erst kurz vor der Verwendung. Aufbewahren sollten Sie getrocknete Pflanzen in luftdicht verschlossenen Gläsern oder Schachteln; vergessen Sie dabei nicht, Etiketten mit Inhalt und Datum anzubringen. Lagern Sie getrocknete Pflanzen stets im Dunkeln.

Vorsichtsmaßnahmen und weitere Hinweise

Zwar können Heilpflanzen etliche alltägliche Beschwerden lindern, doch ihre Verwendung birgt auch Risiken, derer man sich unbedingt bewusst sein muss:

- Bei zahlreichen Heilpflanzen können Wechselwirkungen mit einer medikamentösen Behandlung auftreten.
- Manche Heilpflanzen dürfen nur eine begrenzte Zeit verwendet werden. (Holen Sie sich hierzu am besten fachlichen Rat.) Verwenden Sie eine Pflanze keinesfalls länger als drei Wochen.
- Bestimmte Heilpflanzen sind nicht für Kinder geeignet. Auch für Schwangere gibt es Einschränkungen, weil manche Pflanzen eine Gefahr für den Fötus darstellen können.
- Heilpflanzen können allergische Reaktionen hervorrufen. Testen Sie daher jede Pflanze zunächst in einer geringen Dosis. Wenn nach 24 Stunden keine unangenehmen Nebenwirkungen aufgetreten sind, können Sie sie verwenden. Vorsicht ist vor allem bei ätherischen Ölen geboten.

Beim Sammeln von Heilpflanzen sollten Sie sich an folgende Vorsichtsmaßnahmen halten:

- Es gibt etliche sehr giftige Pflanzen, deren Gefährlichkeit man nicht unterschätzen sollte. Sammeln Sie nur solche Pflanzen, die Sie zweifelsfrei bestimmen können, und verlesen Sie das gesammelte Material sorgfältig.
- Ernten Sie nur Pflanzen, die grün und nicht von der Rostkrankheit befallen sind. Auch Pflanzen, die Schäden aufweisen oder schon alt sind, sollten Sie stehen lassen.
- Sammeln Sie in Maßen und schonen Sie die Natur. Ernten Sie nur so viel, wie Sie brauchen, und das auch nur dort, wo die jeweilige Pflanze in ausreichenden Mengen wächst.
- Ernten Sie weder seltene noch geschützte Pflanzen (die jeweiligen Roten Listen finden Sie auf den Webseiten der

entsprechenden Institutionen in Ihrer Region), und sammeln Sie keine Pflanzen in Naturschutzgebieten, Nationalparks etc., wo es ja ohnehin verboten ist.

Gehen Sie bei der Verwendung von Heilpflanzen immer wohlüberlegt vor, klären Sie die medizinische Vorgeschichte des Patienten ab und ermitteln Sie die Ursache der Beschwerden. So vermeiden Sie eine Verschlechterung des Zustandes. Beschaffen Sie sich Informationen aus verlässlichen Quellen. Und wenn die Beschwerden trotz der Behandlung mit Heilpflanzen weiter bestehen, sollten Sie in jedem Fall einen Arzt zu Rate ziehen.

Darüber hinaus

In Fachzeitschriften, im Internet und in Büchern finden Sie eine Vielzahl von Informationen und praktischen Ratschlägen, mit denen Sie Ihr Wissen über wilde Pflanzen und ihre vielfältigen Anwendungsmöglichkeiten vertiefen können. Viele Fachkundige bieten auch Ausbildungen, Kurse und Workshops rund um das Thema Pflanzenheilkunde an. Anfangs können Sie sich auch einem Spezialisten anschließen, um Grundlagenwissen zu erwerben. Bei geführten Kräuterwanderungen etwa lernt man Heilpflanzen und -kräuter aus erster Hand kennen. Wenn Sie sich regelmäßig mit Heilpflanzen beschäftigen und Ihre Kenntnisse und Fähigkeiten pflegen, gewinnen Sie an Selbstsicherheit und Urteilsvermögen und können sowohl Ihr eigenes Wohlergehen fördern als auch das Ihrer Freunde und Ihrer Familie.

10 bis 30 cm

Erscheinungsbild

Kleine, einjährige Blume mit aufrechtem Stängel. Die Blätter sind lanzettförmig, haben einen glatten Rand und sind manchmal sanft gewellt; durch ihren Flaum erscheint die Pflanze leicht weißlich. Die orangefarbenen Blütenblätter bilden einen dichten Korb. Der Blütenboden (die grüne Stelle, auf der die Blütenorgane sitzen) ist von einem klebrigen Sekret bedeckt, das einen charakteristischen Geruch verströmt.

Verbreitungsgebiet und Standort

Die Acker-Ringelblume ist in Europa, Kleinasien und in Teilen Afrikas verbreitet. In Deutschland findet man sie unter anderem in Weinbaugebieten.

Eigenschaften

Regeneriert gereizte Haut sowie Schleimhäute und lindert Entzündungen. Wirkt außerdem antibakteriell und pilzabtötend.

Anwendung

Verwendet werden die Blüten, frisch oder getrocknet. Eine Tinktur hilft gegen Verdauungsstörungen, ein Ölauszug oder ein Wickel gegen Hautreizungen.

Besonderheiten

Pflücken Sie immer die ganze Blüte mitsamt dem Blütenboden. Dessen Sekret ist besonders reich an Wirkstoffen.

Acker-Ringelblume

Calendula arvensis

Erntezeit

J	F	M	A	M	J	J	A	S	O	N	D

Blütezeit

J	F	M	A	M	J	J	A	S	O	N	D

50 bis 80 cm

Erscheinungsbild

Diese hübsche einjährige (manchmal auch zweijährige) Blume verschönert im Sommer mit ihren tiefblauen, sternförmigen Blüten die Landschaft. Die Blüten in der Mitte des Korbes sind röhrenförmig und von blassem Lila, die am Rand gelegenen sind zungenförmig und gezackt. Am aufrecht wachsenden Stängel sitzen kleine, ungestielte Blätter, die schmal und länglich sind; die weiter unten liegenden Blätter sind gestielt und stark gekerbt. Der Blütenstand gleicht denen anderer Flockenblumen, insbesondere von *Centaurea graminifolius* und *Cyanus semidecurrens*, die allerdings in Gebirgsregionen beheimatet sind.

Verbreitungsgebiet und Standort

Die Kornblume ist eine »Ackerbegleitpflanze« und häufig auf Getreidefeldern anzutreffen. Man findet sie fast überall in Europa sowie im Nahen und Mittleren Osten.

Eigenschaften

Die Kornblume wirkt entzündungshemmend, antiallergisch und adstringierend (zusammenziehend).

Anwendung

Äußerlich angewendet, lindert Tee aus Kornblumenblüten verschiedene Augenleiden (Bindehautentzündung, Augenreizung, ermüdete Augen etc.). Kornblumenwasser, das im Handel erhältlich ist, kann hierfür ebenso verwendet werden.

Kornblume

Centaurea segetum

Erntezeit

J	F	M	A	**M**	**J**	J	A	S	O	N	D

Blütezeit

J	F	M	A	**M**	**J**	**J**	A	S	O	N	D

20 bis 50 cm

Erscheinungsbild

Die gelappten Grundblätter dieser einjährigen Pflanze, die im Frühjahr austreibt, sind rosettenartig angeordnet und erinnern an Löwenzahn. Die kleinen, herzförmigen Schoten sitzen auf Stielen am Stängel. Die weißen Blüten bilden an der Spitze der Sprossachse eine Traube.

Verbreitungsgebiet und Standort

In allen Regionen mit gemäßigtem Klima; auf Äckern, in Gärten und an Wegrändern.

Eigenschaften

Das Hirtentäschelkraut wirkt vor allem blutstillend.

Anwendung

Man verwendet das Hirtentäschelkraut als Tee oder Tinktur, die jeweils aus allen Pflanzenteilen hergestellt werden. Es hilft bei ungefährlichen Blutungen (Nasenbluten, Metrorrhagie, starke Monatsblutungen etc.) und ist von so hoher Wirksamkeit, dass Hebammen es im 19. Jahrhundert regelmäßig verabreicht haben.

Warnhinweis

Hirtentäschelkraut kann zu einem Absinken des Blutdrucks führen und darf nicht bei Schwangerschaft, Unterfunktion der Schilddrüse oder Herzproblemen verabreicht werden.

Hirtentäschelkraut

Capsella bursa-pastoris

Erntezeit

J F M A M J J A S O N D

Blütezeit

J F M A M J J A S O N D

30 bis 80 cm

Erscheinungsbild

Bei dieser einjährigen Pflanze sitzen die Blätter wechselständig am Stängel; im unteren Teil sind sie zusammengesetzt und gelappt, weiter oben einfach, ungestielt und gezackt. Die Blüten haben vier hellgelbe, kreuzförmig angeordnete Blätter und stehen an der Spitze des Stängels in einer Traube. Sie bilden glatte, bräunliche Samenkörner aus. Der Acker-Senf kann leicht mit anderen Kreuzblütlern verwechselt werden, wie etwa dem Schwarzen Senf.

Verbreitungsgebiet und Standort

Der Acker-Senf wächst in Europa, Afrika und Asien, und dort auf Ackerböden und an Wegrändern.

Eigenschaften

Er wirkt verdauungsfördernd, stimulierend und regt den Blutfluss an (wodurch ein vorübergehender Blutandrang entstehen kann).

Anwendung

Traditionell verwendet man die gemahlenen Samenkörner in einem Wickel; ein solcher Umschlag ist vor allem bei Schnupfen und Bronchitis äußerst wirksam. Bei Hepatitis hilft ein Sud gegen Wassereinlagerungen in der Leber. Zu hohe Dosen können Hautirritationen auslösen oder eine abführende Wirkung haben.

Besonderheiten

Gebrauchsfertige Wickel sind – als sogenannte Senfpflaster – auch in der Apotheke erhältlich.

Acker-Senf

Sinapis arvensis

Erntezeit

J	F	M	A	M	J	**J**	**A**	**S**	**O**	N	D

Blütezeit

J	F	M	A	**M**	**J**	**J**	**A**	**S**	O	N	D

10 bis 40 cm

Erscheinungsbild

Diese schmale, ja schlaksige Leinpflanze ist gut an ihren Blättern zu erkennen. Sie sitzen gegenständig auf dem Stängel, sind kurz und länglich, und die in der Mitte verlaufende Ader tritt deutlich hervor. Die Blüten sind sehr klein, weiß und sternförmig. Diese Merkmale unterscheiden den Purgier-Lein deutlich vom Gemeinen Lein *(Linum usitatissimum)*, wobei eine Verwechslung auch keine Gefahr mit sich brächte.

Verbreitungsgebiet und Standort

In den meisten Regionen Mitteleuropas und Westasiens; vor allem auf Wiesen und auf Weideland, manchmal auch in lichten Wäldern.

Eigenschaften

Der Purgier-Lein ist zwar nicht so bekannt wie der mit ihm verwandte Gemeine Lein (Flachs), besitzt jedoch ebenfalls eine wohltuende Wirkung auf die Verdauung und die Darmtätigkeit. Die in den Samenkörnern enthaltenen Schleimstoffe wirken besänftigend bei Darmreizungen, aber auch abführend.

Anwendung

Man verwendet von dieser Pflanze die Samenkörner, in Form von Öl und warmem oder kaltem Tee, aber auch gemahlen in einem Wickel. Im Handel erhältlich sind auch Kapseln und andere Produkte. Deren Grundsubstanz sind jedoch immer die Körner des Gemeinen Leines, der weiter verbreitet ist.

Purgier-Lein

Linum catharticum

Erntezeit

J	F	M	A	M	J	**J**	**A**	**S**	O	N	D

Blütezeit

J	F	M	A	M	**J**	**J**	A	S	O	N	D

50 bis 120 cm

Erscheinungsbild

Die breiten Blätter dieser mehrjährigen Schönheit sind gezackt, bestehen aus fünf abgerundeten Lappen und sitzen mit ihren langen Stielen auf dem Stängel. Die großen, rosafarbenen Blüten haben fünf Blätter mit jeweils drei dunklen Streifen. Die kleinen Früchte sind grün und rund. Alle Arten der Malve sind genießbar.

Verbreitungsgebiet und Standort

In Europa, Nordafrika und Asien; in Gärten, auf Feldern, an Wegrändern und auf Ödland.

Eigenschaften

Aufgrund ihres hohen Anteils an Schleimstoffen haben sämtliche Teile der Pflanze eine besänftigende Wirkung. Sie wirken beruhigend auf alle Schleimhäute des Verdauungstrakts, vom Hals bis zum Darm. In zu hohen Dosen kann die Wilde Malve abführend wirken.

Anwendung

Meist bereitet man aus den getrockneten Blüten, die besonders viele Schleimstoffe enthalten, Tee zu. Die Blätter sind jedoch nicht weniger wirksam und können ebenfalls verwendet werden. Man kann sie auch in den Salat geben – sie sind genießbar und vereinen milden Geschmack und gesundheitsfördernde Wirkung.

Wilde Malve

Malva sylvestris

Erntezeit

J	F	M	**A**	**M**	**J**	**J**	**A**	**S**	**O**	N	D

Blütezeit

J	F	M	A	M	**J**	**J**	**A**	**S**	O	N	D

20 bis 60 cm

Erscheinungsbild

Schon im Februar kommt die Rosette aus gekerbten, gezackten und behaarten Grundblättern zum Vorschein. Der bekanntere Teil dieser einjährigen Blume sind jedoch die leuchtend roten Blüten mit den schwarzen Punkten. Die Früchte sind halbrunde Kapseln, die mit bräunlichen Samenkörnern gefüllt sind. Der Klatschmohn wird leicht mit anderen Mohnarten verwechselt (Bastard-Mohn, Saat-Mohn, Sand-Mohn), was jedoch keine Gefahr darstellt.

Verbreitungsgebiet und Standort

Er stammt aus Asien, ist heute aber auch in den gemäßigten Zonen Europas heimisch. Man findet ihn in Gärten und auf Ackerflächen.

Eigenschaften

Klatschmohn wirkt besänftigend und beruhigend und wird vor allem gegen Husten eingesetzt. Außerdem wirkt er leicht sedierend und hilft so bei Schlaflosigkeit.

Anwendung

Aus den getrockneten Blütenblättern bereitet man Tee zu, der bei Augenreizungen getrunken oder zur Zubereitung einer Auflage verwendet wird. Ein Sirup aus den Blütenblättern lindert Husten und beruhigt den Hals.

Warnhinweis

So wie Schlafmohn ist auch Klatschmohn reich an giftigen Alkaloiden. Besprechen Sie die Dosierung in jedem Fall mit einem Fachmann.

Klatschmohn

Papaver rhoeas

Erntezeit

J	F	M	A	**M**	**J**	**J**	A	S	O	N	D

Blütezeit

J	F	M	A	**M**	**J**	**J**	A	S	O	N	D

30 bis 100 cm

Erscheinungsbild

Diese ausdauernde Pflanze ist von stattlicher Größe und bildet ein flaches Rhizomgeflecht aus langen, weiß-gelblichen, harten Sprossen, die an den Enden spitz zulaufen. Am Stängel sitzen wechselständig die länglichen, schmalen Blätter, die dünne Blattadern aufweisen und an den Unterseiten behaart sind. Der Blütenstand bildet eine lange, hellgrüne Ähre. Die Kriech-Quecke weist große Ähnlichkeiten mit anderen Süßgrasarten auf, etwa mit dem Weißen Straußgras oder dem Deutschen Weidelgras, anhand der Wurzeln ist jedoch eine eindeutige Bestimmung möglich.

Verbreitungsgebiet und Standort

Die Kriech-Quecke wächst fast überall auf der Welt, an so gut wie allen Standorten: auf Feldern, in Gärten, auf Weinbergen, Obstwiesen etc.

Eigenschaften

Die Kriech-Quecke wirkt blutreinigend und harntreibend, sie reinigt den Organismus und stärkt die Funktionen der Harnwege. Außerdem wirkt sie blutzuckersenkend.

Warnhinweis

Nicht geeignet für Schwangere und Stillende sowie bei Herzbeschwerden und Nierenleiden.

Anwendung

Die Rhizomsprossen werden getrocknet und gemahlen und dann meist zu Sud verarbeitet, manchmal auch zu Tinktur.

Kriech-Quecke

Elytrigia repens

Erntezeit

J	F	M	A	M	J	J	A	S	O	N	D

Blütezeit

J	F	M	A	M	J	J	A	S	O	N	D

20 bis 80 cm

Erscheinungsbild

Die Echte Nelkenwurz ist eine ausdauernde, behaarte Pflanze. Die Blätter stehen wechselständig und bestehen aus fünf bis sieben gezackten Blättchen. Das endständige Blättchen ist größer als die anderen und besteht aus drei ovalen Lappen, die mehr oder weniger spitz zulaufen. Die kleinen, hellgelben Blüten haben fünf abgerundete Blütenblätter, die jeweils zwischen zwei grünen »Spitzen« des Blütenkelches stehen. Die Wurzeln riechen stark nach Nelken. Die Echte Nelkenwurz ist leicht mit anderen Arten der Gattung der Nelkenwurzen zu verwechseln.

Verbreitungsgebiet und Standort

In Nordafrika, Europa und Westasien; auf Brachland, in Gärten im urbanen Raum, in Wäldern und Hecken in der Nähe von Wohngebieten.

Eigenschaften

Dieser »gesegneten« Pflanze werden zahlreiche wohltuende Wirkungen zugeschrieben: Bei Zahnschmerzen wirkt sie antiseptisch und schmerzstillend, auf die Verdauung wirkt sie anregend und beruhigend, und sie fördert die Wundheilung.

Anwendung

Die Wurzeln werden vor der Blütezeit gesammelt und zu Sud verkocht, den man trinkt oder zum Gurgeln verwendet. Durch alkoholische Mazeration lässt sich eine Tinktur herstellen (aber auch wohlschmeckender Likör, der zu Heilzwecken verwendet werden kann!).

Echte Nelkenwurz

Geum urbanum

Erntezeit

ganzjährig (Wurzeln),
März–April (Blätter)

J	F	M	A	M	J	J	A	S	O	N	D

Blütezeit

J	F	M	A	M	J	J	A	S	O	N	D

20 bis 30 m

Erscheinungsbild

Die Rinde dieses hoch gewachsenen, kräftigen Baumes ist anfangs glatt und rötlich-braun, platzt im Lauf der Jahre jedoch auf und wird grau. Die großen, gestielten Blätter stehen wechselständig und bestehen aus fünf bis sieben länglichen, gezackten Blättchen, die an die Finger einer Hand erinnern. Der pyramidenförmige Blütenstand besteht aus zahlreichen wohlriechenden Blüten, die weiß sind und einen roten oder rosafarbenen Punkt tragen. Die Früchte sind rund, rotbraun und glatt und werden von einer grünen, harten und stachligen Kapsel geschützt.

Verbreitungsgebiet und Standort

Die Gemeine Rosskastanie wird seit Jahrhunderten als Zierpflanze verwendet. Sie ist in Städten und im ländlichen Raum an vielen Stellen zu finden und mittlerweile auch in Waldgebieten heimisch.

Eigenschaften

Die Gemeine Rosskastanie ist ein starkes Venentonikum und wird bei Kreislaufproblemen eingesetzt. Außerdem wirkt sie entzündungshemmend und antioxidierend.

Warnhinweis

Es besteht die Möglichkeit von Wechselwirkungen mit gerinnungshemmenden und blutzuckersenkenden Medikamenten.

Anwendung

Aus den getrockneten und gemahlenen Samen kann man einen Sud, eine Tinktur oder einen Ölauszug herstellen.

Gemeine Rosskastanie

Aesculus hippocastanum

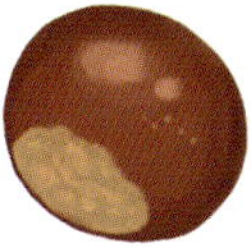

Erntezeit

J	F	M	A	M	J	J	A	S	O	N	D

Blütezeit

J	F	M	A	M	J	J	A	S	O	N	D

KORBBLÜTLER

10 bis 80 cm

Erscheinungsbild

Diese wohlriechende und behaarte ausdauernde Pflanze bildet Fiedern, die jeweils aus zahlreichen gekerbten Blättern bestehen. Sie sind kurz und ungestielt und bilden eine dichte Grundrosette. Die Blüten sind weiß (manchmal rosa) und formen an der Spitze des Stängels einen Korb. Die Gemeine Schafgarbe ist leicht mit anderen Arten der Schafgarben zu verwechseln, von denen jedoch keine giftig ist.

Verbreitungsgebiet und Standort

In den meisten gemäßigten Klimazonen; auf Trockenwiesen und Brachflächen, in lichten Wäldern und an Wegrändern.

Eigenschaften

Die Gemeine Schafgarbe gilt als menstruationsfördernd und wird daher typischerweise in der Frauenheilkunde eingesetzt. Darüber hinaus hilft sie beim Stillen von leichteren Blutungen, bei der Vernarbung von Wunden sowie gegen Verdauungsstörungen.

Warnhinweis

Schwangere sollten auf eine Anwendung verzichten.

Anwendung

Zwar kann die ganze Pflanze verwendet werden, der Blütenstand ist jedoch besonders reich an bioaktiven Molekülen. Die Blüten werden frisch oder getrocknet verwendet, innerlich als Tee oder Tinktur, äußerlich als Ölauszug.

Gemeine Schafgarbe

Achillea millefolium

Erntezeit

Februar–Juli (junge Blätter),
Juni–Oktober (Blütenstand)

J	F	M	A	M	J	J	A	S	O	N	D

Blütezeit

J	F	M	A	M	J	J	A	S	O	N	D

KORBBLÜTLER

5 bis 20 cm

Erscheinungsbild

Das Gänseblümchen gehört zu den bekanntesten Blumen, jedoch wird oft vergessen, dass es nicht nur genießbar ist, sondern auch als Heilpflanze verwendet werden kann. Die »ewige Schöne« *(Bellis perennis)* verdankt ihren Namen der Tatsache, dass sie fast das ganze Jahr über blüht. Sie ist eine kleine und anmutige, ausdauernde Pflanze; die gezackten Blätter der Rosette sind oval bis spatelförmig und am Ende abgerundet. Der Korb auf der Spitze des Stängels besteht in der Mitte aus röhrenförmigen gelben Blüten und am Rand aus zungenförmigen, weißen bis blassrosa Blüten.

Verbreitungsgebiet und Standort

In ganz Europa und Westasien; auf Rasenflächen, Wiesen, Böschungen, an Wegrändern etc., wenn der Boden dort fruchtbar ist.

Eigenschaften

Das Gänseblümchen wirkt entzündungshemmend und lindert, so wie Arnika, blaue Flecken und kleinere Blessuren. Weil es antibakteriell wirkt und die Narbenbildung fördert, hilft es bei der Wundheilung. Auch auf der Haut ist es äußerst wohltuend und lindert Rötungen, Ekzeme, Akne etc.

Anwendung

Aus den getrockneten Blütenkörben bereitet man Tee zu oder im Idealfall einen Ölauszug, der äußerlich angewendet wird und deutlich wirksamer ist.

Gänseblümchen

Bellis perennis

Erntezeit

J F M A M J J A S O N D

Blütezeit

J F M A M J J A S O N D

30 bis 100 cm

Erscheinungsbild

Das Kanadische Berufkraut ist eine einjährige, behaarte Pflanze mit gerade wachsendem Stängel. Die Blätter der Rosette sind oval und am Rand gewellt, oft auch gekerbt und unregelmäßig gelappt. Die Blätter am Stängel sind länglich und laufen spitz zu. Im stark verzweigten Blütenstand stehen die kleinen Körbe dicht beieinander. In deren Innerem sind die Blätter gelb und röhrenförmig, am Rand weiß und lanzettförmig. Das Kanadische Berufkraut wird leicht mit anderen Arten der Gattung der Berufkräuter verwechselt.

Verbreitungsgebiet und Standort

Die Pflanze stammt aus Amerika, hat aber inzwischen fast den gesamten Erdball erobert. Man findet sie überall in Deutschland, vor allem auf Brachen und auf ungeschützten Flächen.

Eigenschaften

Das Kanadische Berufkraut wirkt diuretisch und wird gegen Harnwegsinfekte und Wassereinlagerungen verabreicht. In geringerem Umfang fördert es auch die Ausscheidung von Harnsäure. Außerdem stillt es innere und äußere Blutungen und lindert Menstruationsbeschwerden.

Anwendung

Die stärkste Wirkung entfaltet das Kanadische Berufkraut, wenn man die trockenen Blätter zu Tee aufkocht. Weil es essbar ist, kann man es auch zu Frühlingsbeginn in den Salat mischen, es als Suppe oder Omelette genießen und dergleichen.

Kanadisches Berufkraut

Erigeron canadensis

Erntezeit

J F M A M J J A S O N D

Blütezeit

J F M A M J J A S O N D

15 bis 50 cm

Erscheinungsbild

Diese ausdauernde, wohlriechende Pflanze ähnelt dem Rainfarn (siehe S. 50), ist jedoch kleiner, trägt einen watteartigen, gräulich-weißen Flaum und wächst an anderen Orten. Sie wird leicht mit anderen Strohblumen verwechselt, was jedoch keine Gefahr darstellt.

Verbreitungsgebiet und Standort

Fels- und Sandküsten des Mittelmeerraums.

Eigenschaften

Sie wirkt wundheilend und fördert die Narbenbildung, hilft bei Hautreizungen, kleinen Wunden und blauen Flecken. Außerdem fördert sie die Verdauung und wirkt krampflösend.

Anwendung

Aus den Blüten kann Tee, eine Tinktur oder ein Ölauszug hergestellt werden. In der Küche verleiht die Mittelmeer-Strohblume Gerichten eine leichte Currynote.

Warnhinweis

Nicht verwenden bei Schwangerschaft sowie zusammen mit Gerinnungshemmern. **Die genaue Dosierung muss ein Fachmann vornehmen.**

Besonderheiten

Darf in manchen Regionen nur eingeschränkt gesammelt werden.

Mittelmeer-Strohblume

Helichrysum stoechas

Erntezeit

J	F	M	A	M	J	J	A	S	O	N	D
			A	**M**	**J**	**J**	**A**	**S**			

Blutezeit

J	F	M	A	M	J	J	A	S	O	N	D
					J	**J**	**A**				

KORBBLÜTLER

15 bis 50 cm

Erscheinungsbild

Die Blätter dieser kleinen einjährigen Pflanze sind kurz und ungestielt, fein gekerbt und bilden längliche Fiedern. Der Stängel verzweigt sich am oberen Ende und trägt mehrere Blütenkörbe, die einen Wohlgeruch verbreiten, wenn man sie zwischen den Fingern zerreibt. In der Mitte der Körbe stehen, um einen Hohlraum angeordnet, leuchtend gelbe, röhrenförmige Blätter, am Rand dagegen kleine, weiße, zungenförmige Blätter, die oft nach oben gekrümmt sind.

Verbreitungsgebiet und Standort

Die Echte Kamille stammt aus dem Mittelmeerraum, ist heute aber auf der ganzen Welt verbreitet. Auch in Deutschland findet man sie überall, vor allem auf Ödland, auf Getreidefeldern und an Straßenrändern.

Eigenschaften

Die Echte Kamille löst Angstzustände und hilft beim Einschlafen. Weil sie entzündungshemmend wirkt, lindert sie auch Beschwerden im Magen-Darm-Trakt sowie Menstruationsbeschwerden, Hautreizungen und Irritationen im Mundraum.

Anwendung

Aus den Blütenkörben wird Tee, Tinktur und Ölauszug zubereitet, oder man verwendet sie als Badezusatz und in Wickeln. Wenn Sie Ihre Heilmittel selbst zubereiten, nehmen Sie frische Pflanzen oder solche, die in den letzten sechs Monaten getrocknet wurden.

Echte Kamille

Matricaria chamomilla

Wiesen

Erntezeit

J	F	M	A	M	J	J	A	S	O	N	D

Blütezeit

J	F	M	A	M	J	J	A	S	O	N	D

KORBBLÜTLER

30 bis 150 cm

Erscheinungsbild

Diese zweijährige, hohe und kräftige Pflanze ist leicht an ihren großen, weiß marmorierten Blättern zu erkennen, deren Rand stachelige Lappen bildet. Der verzweigte Stängel trägt auf den Spitzen üppige Blütenkörbe aus purpurroten, röhrenförmigen Blüten, die von einer Umhüllung aus Deckblättern geschützt werden, die jeweils in einem länglichen Dorn auslaufen. Die Früchte sind sogenannte Achänen, kleine, schwarze Samenkörner mit einer Federkrone, die jenen des Löwenzahns ähneln.

Verbreitungsgebiet und Standort

In ganz Südeuropa und in Westasien; auf Wiesen, Ödland und Brachflächen sowie an Wegrändern.

Eigenschaften

Die Mariendistel wirkt blutreinigend und wird daher zum Schutz und zur Regeneration der Leber eingesetzt. Außerdem wirkt sie bei leichten Verdauungsstörungen beruhigend und beugt diesen vor. **Achtung: Die Mariendistel senkt den Blutzuckerspiegel.**

Anwendung

Aus den Samen kann man Tee oder eine Tinktur zubereiten. Das Sammeln der Mariendistel ist mühsam, im Handel ist sie jedoch in Form von Kapseln und anderer Produkte erhältlich.

Mariendistel

Silybum marianum

Wiesen

Erntezeit

J	F	M	A	M	J	J	**A**	**S**	**O**	N	D

Blütezeit

J	F	M	**A**	**M**	**J**	**J**	**A**	S	O	N	D

KORBBLÜTLER

60 bis 120 cm

Erscheinungsbild

Das kräftige Aroma, das diese schöne, ausdauernde Pflanze verströmt, ist ein eindeutiges Erkennungsmerkmal. Die charakteristischen Blätter sind gefiedert und bilden längliche, gezackte Lappen. Die gelben Blütenkörbe stehen in Schirmtrauben auf der Spitze des Stängels; sie bestehen aus winzigen, goldgelben, röhrenförmigen Blüten.

Verbreitungsgebiet und Standort

In fast allen gemäßigten Klimazonen; an Wegrändern, auf Ödland, Brachflächen und Böschungen.

Eigenschaften

Der auch Wurmkraut genannte Rainfarn wurde lange Zeit wegen seiner wurmabtreibenden Wirkung verwendet. Heute wird er vor allem zur Linderung von Verdauungsproblemen und Menstruationsbeschwerden eingesetzt.

Warnhinweis

Rainfarnöl ist reich an Thujonen, die in hohen Mengen abortiv und neurotoxisch wirken können. Daher darf er nicht an Schwangere verabreicht werden. **Die Dosierung muss durch einen Fachmann erfolgen.**

Anwendung

Blätter und Blütenstände werden getrocknet und dann zu Tee oder Tinktur aufbereitet. Wegen ihres intensiven Aromas eignen sie sich auch zur Zubereitung von Likören, die auch zu Heilzwecken verwendet werden können (z. B. Chartreuse).

Rainfarn

Tanacetum vulgare

Erntezeit

J	F	M	A	M	J	J	A	S	O	N	D

Blütezeit

J	F	M	A	M	J	J	A	S	O	N	D

KORBBLÜTLER

15 bis 50 cm

Erscheinungsbild

Diese ausdauernde Pflanze enthält in allen Bestandteilen einen dickflüssigen, weißen Milchsaft. Die unbehaarten Blätter bilden eine dichte Rosette und können unterschiedliche Formen haben; meist sind sie jedoch gekerbt mit spitzen Lappen. Auf dem Stängel sitzt der charakteristische hellgelbe Blütenkorb, der aus kleinen, zungenförmigen Blüten besteht. Die Früchte sind kleine Samenkörner, die lange Federchen tragen und im Sommer die typischen »Pusteblumen« bilden.

Verbreitungsgebiet und Standort

In fast allen gemäßigten Klimazonen; auf Wiesen und Böschungen, an Wegrändern etc.

Eigenschaften

Weil Löwenzahn blutreinigend und diuretisch wirkt, reinigt er die Leber und regt die Bildung von Gallensekret an.

Warnhinweis

Darf nicht bei niedrigem Blutdruck verwendet werden; außerdem sind Wechselwirkungen mit bestimmten Medikamenten möglich. Ziehen Sie gegebenenfalls vor der Verwendung einen Arzt hinzu.

Anwendung

Aus den Wurzeln stellt man Sud her, aus den Blättern Tee, und aus beiden Tinktur. Außerdem eignet sich Löwenzahn hervorragend zur Verwendung in der Küche.

Löwenzahn

Taraxacum officinale

Erntezeit

ganzjährig (Blätter),
September–März (Wurzeln)

J	F	M	A	M	J	J	A	S	O	N	D

Blütezeit

J	F	M	A	M	J	J	A	S	O	N	D

8 bis 20 cm

Erscheinungsbild

Diese sonst eher unscheinbare Pflanze fällt vor allem durch ihre Blüten ins Auge. Sie bilden kleine gelbe Körbchen, die jeweils einzeln auf den rötlichen, geschuppten Stängeln sitzen. Die leuchtend grünen Blätter sind rund und gezackt, haben einen langen Stiel, sind dick und auf der Unterseite behaart. Sie ähneln denen mancher Arten der Gattungen Alpendost und Pestwurz und sind nur bei regelmäßiger Anwendung giftig.

Verbreitungsgebiet und Standort

Von Westeuropa bis Zentralasien; an Wegrändern, auf Böschungen, in Steinbrüchen und auf Sanddünen.

Eigenschaften

Der Huflattich wird seit der Antike gegen Lungenentzündungen, Husten und Heiserkeit verwendet. Die Blätter wurden früher sogar zu Tabak verarbeitet, mit dem man Asthma bekämpfte.

Warnhinweis

Wenn sich die im Huflattich enthaltenen Alkaloide in der Leber anreichern, können sie sich schädlich auswirken. Huflattich darf nicht über einen längeren Zeitraum angewendet werden. **Die Behandlung muss immer von einem Fachmann begleitet werden.**

Anwendung

Die Blüten und die jungen Blätter werden getrocknet und können dann zu Tee, Sirup oder Likör mit Heilwirkung verarbeitet werden.

Huflattich

Tussilago farfara

Erntezeit

Februar–April (Stängel, Blüten),
April–November (Blätter)

J	F	M	A	M	J	J	A	S	O	N	D

Blütezeit

J	F	M	A	M	J	J	A	S	O	N	D

30 bis 80 cm

Erscheinungsbild

Die einjährige Weg-Rauke, auch Sängerkraut genannt, gehört zu den Kreuzblütlern und verströmt den für diese Familie typischen Geruch. Die Blätter sind auf unterschiedliche Weise gelappt, bilden am Grund eine aufgefächerte Rosette und stehen am Stängel wechselständig. Der Stängel hat lange Seitentriebe, auf denen winzige gelbe Blüten mit vier kreuzförmig angeordneten Blättern sitzen, sowie dünne, längliche, grüne Früchte in Form von Schoten, die nach oben wachsen. Die Blätter ähneln denen mancher Arten des wilden Rucola, was jedoch keine Gefahr darstellt.

Verbreitungsgebiet und Standort

Überall in Europa, Westasien und Amerika; an Wegrändern, auf Trümmerfeldern und auf Ödland.

Eigenschaften

Die Weg-Rauke wirkt schleimlösend und wird daher gegen Husten, alle Arten von Halsschmerzen und Bronchitis verabreicht. Darüber hinaus hat sie verdauungsfördernde und antiseptische Wirkung.

Warnhinweis

Darf bei Herz-Kreislauferkrankungen **nur nach Absprache mit einem Arzt angewendet werden.**

Anwendung

Aus den Blättern wird Tee oder Sirup zubereitet.

Weg-Rauke

Sisymbrium officinale

Erntezeit

J	F	M	A	M	J	J	A	S	O	N	D
			A	**M**	**J**	**J**	**A**	**S**			

Blütezeit

J	F	M	A	M	J	J	A	S	O	N	D
				M	**J**	**J**	**A**	**S**	**O**		

JOHANNISKRAUTGEWÄCHSE

20 bis 80 cm

Erscheinungsbild

Diese ausdauernde Pflanze hat kleine, ungestielte Blätter, die gegenständig am Stängel sitzen. Sie sind länglich oder oval, fast durchsichtig und mit winzigen weißen Punkten übersät, wodurch sie durchlöchert wirken. Die Blüten haben fünf hellgelbe Blütenblätter, die auf den Fingern einen tiefroten Farbton hinterlassen.

Verbreitungsgebiet und Standort

In fast allen gemäßigten Klimazonen Europas und Westasiens; auf Rasenflächen, Weideflächen, Heideland, felsigen Böden und Ödland.

Eigenschaften

Das Echte Johanniskraut hilft bei leichten depressiven Verstimmungen, Erkrankungen der Lunge sowie nervös bedingten Schmerzen.

Warnhinweis

Es besteht die Gefahr von Wechselwirkungen mit bestimmten Medikamenten (Antidepressiva, Angstlöser, Antibabypille etc.). Zu den möglichen Nebenwirkungen gehört gesteigerte Lichtempfindlichkeit. **Nur unter ärztlicher Aufsicht anwenden!**

Anwendung

Die Blütenstände werden frisch oder getrocknet verwendet. Sie werden meist in Alkohol eingelegt, um eine Tinktur herzustellen, man kann aus ihnen aber auch einen Ölauszug oder Tee zubereiten.

Echtes Johanniskraut

Hypericum perforatum

Erntezeit

J	F	M	A	M	**J**	**J**	A	S	O	N	D

Blütezeit

J	F	M	A	M	**J**	**J**	**A**	**S**	O	N	D

10 bis 30 cm

Erscheinungsbild

Die Sprossachsen dieser aromatischen, ausdauernden Kriechpflanze bilden auf dem Boden oft ein dichtes Geflecht. Die kleinen, runden Blätter stehen gegenständig, sind gekerbt (mit abgerundeten Lappen) und gestielt. Die Stängel wachsen nach oben, die Blüten sind lila und bestehen aus zwei Lippen mit purpurroten Flecken. Der Gundermann wird leicht mit der Kriechenden Günsel verwechselt, deren Blätter länglich-oval und nicht giftig sind.

Verbreitungsgebiet und Standort

In Europa, Westasien und Nordamerika; auf Wiesen und nicht kultivierten Böden, in Wäldern und Hecken.

Eigenschaften

Der Gundermann befreit und beruhigt den Hals-Nasen-Ohren-Bereich, etwa bei Sinusitis oder chronischer Bronchitis. Außerdem hilft er gegen leichte Verdauungsbeschwerden (Blähungen, Völlegefühl, Magenkrämpfe etc.) und gegen Bleivergiftung.

Warnhinweis

Darf nicht zusammen mit Gerinnungshemmern verwendet werden.

Anwendung

Alle Pflanzenteile werden verwendet. Man trocknet sie und macht dann daraus Tee oder verwendet sie zur alkoholischen Mazeration.

Gundermann

Glechoma hederacea

Erntezeit

fast ganzjährig

J	F	M	A	M	J	J	A	S	O	N	D

Blütezeit

J	F	M	A	M	J	J	A	S	O	N	D

LIPPENBLÜTLER

20 bis 80 cm

Erscheinungsbild

Diese ausdauernde, aromatische Pflanze ist nicht behaart, ihre Zweige sind teils verholzt, die oberen Blätter ungestielt und lanzettförmig. Der Blütenstand besteht aus blauen oder violetten Blüten, die an den Seiten des Stängels Trauben bilden, durch die sich der Ysop leicht vom Gewöhnlichen Natternkopf unterscheiden lässt.

Verbreitungsgebiet und Standort

Im Mittelmeerraum und bis nach Westasien; auf trockenen, felsigen Böden und auf Heideland.

Eigenschaften

Der Ysop wirkt krampflösend und kann daher Verdauungsstörungen und Blähungen lindern. Außerdem wirkt er fiebersenkend und wird bei Erkrankungen der Lunge und bei Heiserkeit eingesetzt. Früher wurde er auch gegen Augenschmerzen verabreicht.

Warnhinweis

Das ätherische Öl des Ysop darf nur vorsichtig und in geringen Dosen angewendet werden. Es ist nicht geeignet für Epileptiker, Schwangere und Stillende. **Holen Sie vor der Anwendung fachlichen Rat ein.**

Anwendung

Die Blütenstände werden frisch oder getrocknet verwendet und zu Tee, Tinktur oder Sirup verarbeitet.

Ysop

Hyssopus officinalis

Ysop

Gewöhnlicher Natternkopf

Erntezeit

J	F	M	A	M	J	**J**	**A**	**S**	O	N	D

Blütezeit

J	F	M	A	**M**	**J**	**J**	**A**	**S**	O	N	D

50 bis 100 cm

Erscheinungsbild

Diese aromatische Strauchpflanze, deren Stamm verholzt, trägt kleine, längliche, gegenständige Blätter, bei denen die Mittelader deutlich hervortritt. Erkennbar ist Lavendel an dem typischen Aroma der violetten Blüten, die an der Spitze der langen Stängel in Trauben stehen. Der Echte Lavendel kann leicht mit anderen Lavendelarten verwechselt werden.

Verbreitungsgebiet und Standort

Mittelmeerraum; auf trockenen und felsigen Böden sowie auf Heideland, jeweils an sonnigen Stellen.

Eigenschaften

Durch seine entspannende Wirkung hilft der Echte Lavendel gegen Stress, innere Unruhe, Angstzustände und Schlaflosigkeit. Außerdem wirkt er gegen Migräne und leichte Verdauungsstörungen, und er lindert Verbrennungen und Gelenkschmerzen.

Anwendung

Aus den Blüten kann Tee zubereitet werden, aber auch eine Tinktur sowie ein Ölauszug zur äußeren Anwendung.

Besonderheiten

In der Pflanzenheilkunde und der Aromatherapie kommen mehrere Lavendelarten zum Einsatz. Sie alle haben jedoch unterschiedliche Eigenschaften und Anwendungsformen, weshalb sie nicht gegeneinander ausgetauscht werden können.

Echter Lavendel

Lavandula angustifolia

Erntezeit

J	F	M	A	M	J	J	A	S	O	N	D

Blütezeit

J	F	M	A	M	**J**	**J**	**A**	**S**	O	N	D

LIPPENBLÜTLER

20 bis 60 cm

Erscheinungsbild

Diese kleine und aromatische, ausdauernde Pflanze ist durchgehend behaart; ihre kleinen, ovalen und spitz zulaufenden Blätter stehen gegenständig am Stängel. Dieser wächst aufrecht, ist oft von rötlicher Färbung und verzweigt sich mehrfach. Auf den Seitenzweigen sitzen die kompakten, rundlichen Blütenstände mit ihren rosafarbenen Blüten. Der Oregano heißt auch Wilder Majoran und ist in der Tat leicht mit dem Majoran zu verwechseln.

Verbreitungsgebiet und Standort

In Europa und Asien an den unterschiedlichsten Standorten; an trockenen, sonnigen Stellen wie etwa auf Wiesen, kalkhaltigen Hügeln und Böschungen, an Wegrändern etc.

Eigenschaften

Oregano wirkt krampflösend, antiviral und antimikrobiell, er lindert Verdauungsbeschwerden, die von Krämpfen und Blähungen begleitet werden, und hilft gegen Atembeschwerden sowie Angina.

Warnhinweis

In hohen Dosen kann Oregano aufputschend wirken; Schwangere und Stillende sollten ihn nicht verwenden.

Anwendung

Tee aus Oreganoblüten kann getrunken oder zum Gurgeln verwendet werden. Auch zur alkoholischen Mazeration ist Oregano geeignet.

Oregano

Origanum vulgare

Erntezeit

J	F	M	A	M	J	**J**	**A**	S	O	N	D

Blütezeit

J	F	M	A	M	J	**J**	**A**	**S**	O	N	D

LIPPENBLÜTLER

20 bis 70 cm

Erscheinungsbild

Der Echte Salbei ist eine aromatische Pflanze, die als Halbstrauch wächst. Ihr Stängel ist verzweigt, ihre gestielten ovalen Blätter stehen gegenständig, sind oben abgerundet oder spitz, an den Rändern leicht gezackt und tragen einen meist weißen Flaum. Die Blütenstände bilden längliche Trauben, haben malven- oder lilafarbene Blüten und stehen in Quirlen rund um den Stängel. Man kann den Echten Salbei leicht mit anderen Salbeiarten verwechseln, was jedoch keine Gefahr darstellt.

Verbreitungsgebiet und Standort

Im Mittelmeerraum, an trockenen, sonnigen Stellen.

Eigenschaften

Bei Ermüdung wirkt Salbei kräftigend auf den gesamten Organismus. Er kann vor allem Frauen helfen, denn er wirkt menstruationsfördernd und lindert Monatsbeschwerden sowie die Hitzewallungen während der Wechseljahre.

Warnhinweis

Schwangere, Stillende und Epileptiker sollten auf Salbei verzichten, ebenso wie Menschen mit hormonabhängigen Krebserkrankungen. **Darf nur unter ärztlicher Aufsicht verwendet werden.**

Anwendung

Blätter und Blütenstände werden als Tee oder Tinktur zubereitet.

Echter Salbei

Salvia officinalis

Erntezeit											
J	F	M	**A**	**M**	**J**	**J**	**A**	**S**	O	N	D

Blütezeit											
J	F	M	A	**M**	**J**	**J**	A	S	O	N	D

WEGERICHGEWÄCHSE

10 bis 40 cm

Erscheinungsbild

Dieser Wegerich ist leicht zu erkennen an seiner Rosette aus lanzettförmigen Blättern, die aufrecht wachsen und über deren gesamte Länge parallele Blattadern verlaufen. Die kleinen weißen Blüten gruppieren sich in Ähren um die Spitze der dünnen Stängel. Der Spitzwegerich gehört zu den häufigsten Wegerichen; bei uns findet man ihn oft in der Nähe des Breitwegerichs und des Mittleren Wegerichs. Alle Wegeriche sind genießbar und lassen sich hervorragend als Heilpflanzen verwenden.

Verbreitungsgebiet und Standort

Ursprünglich in Europa beheimatet, kommt er nun auch in Asien und Nordafrika vor, auf Ödland, auf Wiesen und an Wegrändern.

Eigenschaften

Bekanntlich hilft der Spitzwegerich bei Insektenstichen und Hautreizungen durch Brennnesseln. Durch seine Schleimstoffe lindert er darüber hinaus Irritationen der Haut und der Schleimhäute (Darm, Speiseröhre, Mundhöhle etc.). Da er reich an Spurenelementen ist, hat er auch eine starke remineralisierende Wirkung.

Anwendung

Die Blätter werden frisch oder getrocknet verwendet. Man bereitet aus ihnen Tee zu, der getrunken oder für einen Umschlag verwendet wird, oder man fertigt aus ihnen einen Ölauszug an, der dann als Grundstoff für verschiedene Salben dient.

Spitzwegerich

Plantago lanceolata

Erntezeit

J	F	M	A	M	J	J	A	S	O	N	D

Blütezeit

J	F	M	A	M	J	J	A	S	O	N	D

30 bis 80 cm

Erscheinungsbild

Diese aufrecht wachsende, ausdauernde Pflanze ist behaart und leicht aromatisch. Die Grundblätter formen eine Rosette. Die oben am Stängel sitzenden Blätter sind in fünf bis neun große Lappen gefiedert, die oval sind, einen gezackten Rand haben und auf der Unterseite einen weißlichen Flaum. Zwischen diesen großen bilden sich oft noch kleinere Lappen. Der Blütenstand bildet eine längliche Traube aus zahlreichen, hellgelb leuchtenden Blüten mit fünf Blättern. Aus diesen entstehen kleine, ovale Früchte mit kleinen Häkchen.

Verbreitungsgebiet und Standort

In Europa, Nordafrika sowie in West- und Nordasien; im Unterholz, auf Brachland, an Waldrändern und auf Ödland.

Eigenschaften

Der Gewöhnliche Odermennig wirkt kräftigend und adstringierend und wird gegen Durchfall, Entzündungen der Mundhöhle und der Speiseröhre eingesetzt sowie – äußerlich – bei Hautreizungen.

Anwendung

Aus Blättern und Blütenständen lässt sich ein wohlschmeckender Tee zubereiten, der zum Gurgeln oder für einen Umschlag auf der Haut verwendet werden kann. Auch zur alkoholischen Mazeration sind diese Pflanzenteile geeignet.

Gewöhnlicher Odermennig

Agrimonia eupatoria

Erntezeit

J	F	M	A	M	J	J	A	S	O	N	D

Blütezeit

J	F	M	A	M	J	J	A	S	O	N	D

15 bis 110 cm

Erscheinungsbild

Diese ausdauernde Pflanze, die erstaunlich groß werden kann, hat einen dicken, viereckigen Stängel. Sie ist bekannt für ihre Heilwirkung, aber auch für die Hautreizungen, die sie verursacht. Die ovalen Blätter haben lange Stiele, sind gezackt, laufen spitz zu und sind gegenständig angeordnet. Die kleinen, grünlichen Blüten bilden am oberen Ende des Stängels hängende Trauben.

Verbreitungsgebiet und Standort

Im überwiegenden Teil der gemäßigten Klimazonen; in Wäldern, an Wegrändern, in Gärten, auf Wiesen und anderen nicht genutzten Flächen.

Eigenschaften

Die Große Brennnessel ist reich an Mineralstoffen und Vitaminen. Daher hilft sie gegen Stress, Blutarmut und Gelenkbeschwerden. Nach Krankheiten unterstützt sie die Genesung und reinigt durch ihre diuretische Wirkung den Körper.

Warnhinweis

Darf nicht angewendet werden bei niedrigem Blutdruck, Hämochromatose, Niereninsuffizienz sowie während der Einnahme von Gerinnungshemmern.

Anwendung

Die Heilkräfte der Großen Brennnessel kommen am besten in Tee aus den getrockneten Blättern oder einem Wurzelsud zur Geltung. Auch eine Tinktur lässt sich daraus herstellen; man kann aber die frischen Blätter und Samen auch essen.

Große Brennnessel

Urtica dioica

Erntezeit

J	F	M	A	M	J	J	A	S	O	N	D

Blütezeit

J	F	M	A	M	J	J	A	S	O	N	D

EISENKRAUTGEWÄCHSE

30 bis 80 cm

Erscheinungsbild

Diese leicht behaarte, ausdauernde Pflanze hat einen aufrecht wachsenden, verzweigten Stängel, die Blätter sind lanzettförmig und gekerbt, mit mehr oder weniger abgerundeten Lappen. Am Fuß des Stängels sind sie gestielt, weiter oben ungestielt. Die kleinen Blüten bestehen aus fünf lilafarbenen Blättern und bilden an der Spitze des Stängels einen lockeren zylindrischen Ährenverbund. Das Echte Eisenkraut ist nicht aromatisch, im Gegensatz zum Zitronenstrauch, einer verwandten Art.

Verbreitungsgebiet und Standort

In ganz Europa (im Norden eher selten), in Afrika und Asien; auf Weideflächen, an Wegrändern, auf Trümmerfeldern und anderem Ödland.

Eigenschaften

Das Echte Eisenkraut wirkt entzündungshemmend und lindert Halsschmerzen sowie Schmerzen aufgrund von Muskelverspannungen. Außerdem wirkt es hustenstillend und fiebersenkend und regt die Verdauung an.

Warnhinweis

Nicht geeignet für Schwangere und Stillende.

Anwendung

Blätter und Blütenstände werden frisch oder getrocknet verwendet, als Tee, Tinktur oder in Wickeln.

Echtes Eisenkraut

Verbena officinalis

Erntezeit

J	F	M	A	M	J	J	A	S	O	N	D

Blütezeit

J	F	M	A	M	J	J	A	S	O	N	D

VEILCHENGEWÄCHSE

10 bis 40 cm

Erscheinungsbild

Diese kleine Pflanze ist je nach Standort einjährig oder ausdauernd sowie unbehaart bis leicht behaart. Die kleinen Blätter sind oval oder lanzettförmig, laufen spitz zu und haben einen gezackten Rand. Die kleinen Blüten haben fünf Blätter, und ihre Farbe ist, wie bei allen Veilchen, eine Mischung aus Weiß, Gelb und Violett. Manchmal sind sie auch einfarbig.

Verbreitungsgebiet und Standort

In ganz Europa, in Asien, Afrika und Amerika; auf Weideflächen, Wiesen, Äckern und sandigen Böden.

Eigenschaften

Durch seine antimikrobiellen und pilzabtötenden Inhaltsstoffe reinigt das Wilde Stiefmütterchen die Haut. Seine Schleimstoffe wirken beruhigend und lindern Hautreizungen wie etwa Akne oder Schuppenflechte. Bei Ekzemen ist eine heilende Wirkung durch innere Anwendung wissenschaftlich belegt.

Anwendung

Man verwendet die Pflanze im Ganzen und getrocknet. In der Regel bereitet man daraus Tee zu, den man trinkt oder lokal mit einem Umschlag aufbringt. Man kann aber auch eine Tinktur daraus herstellen.

Wildes Stiefmütterchen

Viola tricolor

Erntezeit

J	F	M	A	M	J	J	A	S	O	N	D

Blütezeit

J	F	M	A	M	J	J	A	S	O	N	D

2 bis 6 m

Erscheinungsbild

Diese Strauchpflanze erreicht bisweilen eine beachtliche Größe. Die holzigen Zweige sind von weißem Mark ausgefüllt. Die gegenständigen Blätter bestehen aus fünf bis sieben ovalen, spitz zulaufenden Blättchen mit gezacktem Rand. Die kleinen weißen Blüten stehen in Schirmtrauben und bilden kleine, schwarze, glänzende Beeren. Der Schwarze Holunder wird leicht mit dem Zwergholunder verwechselt, einer krautigen Pflanze, deren Blüten und Früchte nicht herabhängen, sondern nach oben gerichtet sind.

Verbreitungsgebiet und Standort

Fast überall in Europa; in Hecken und an Waldrändern.

Eigenschaften

Der Schwarze Holunder wirkt entzündungshemmend und stärkt das Immunsystem. Außerdem wirkt er schweißtreibend, was zur Linderung von Fieber beiträgt. **Die Früchte wirken diuretisch und abführend und dürfen nicht roh verzehrt werden.**

Anwendung

Meist verwendet man die getrockneten Blüten und bereitet aus ihnen Tee zu. Die Heilwirkung der Früchte, die reich an Vitaminen und Antioxidantien sind, kann man nutzen, indem man sie in einen Kuchen mischt oder zu Gelee oder Saft verarbeitet.

Schwarzer Holunder

Sambucus nigra

Erntezeit

April–Juni (Blüten),
September–Oktober (Früchte)

J	F	M	A	M	J	J	A	S	O	N	D

Blütezeit

J	F	M	A	M	J	J	A	S	O	N	D

DOLDENBLÜTLER

20 bis 80 cm

Erscheinungsbild

Die Blätter dieser hübschen, ausdauernden Pflanze haben eine charakteristische Form: Sie haben einen langen Stiel, bestehen aus drei Blättchen, die wiederum zwei bis drei ovale, gezackte und spitz zulaufende Lappen bilden. Der kräftige Stängel ist kanneliert, die weißen Blüten bilden zarte Dolden. Der Gewöhnliche Giersch wird leicht mit der Wald-Engelwurz verwechselt, einer genießbaren und wohlschmeckenden Pflanze.

Verbreitungsgebiet und Standort

An schattigen und feuchten Stellen, wie etwa im Unterholz oder zu Füßen von Bäumen, manchmal auch in Gärten.

Eigenschaften

Das »Podagrakraut« wurde früher verwendet, um die Ansammlung von Harnsäure in den Gelenken zu bekämpfen, den Auslöser der Gicht. Außerdem unterstützt es die Narbenbildung.

Anwendung

Traditionellerweise kochte man aus den Blättern Tee, in dem man die entzündeten Körperteile badete. Der Giersch kann aber auch, auf unterschiedliche Arten zubereitet, als Gemüse gegessen werden.

Besonderheiten

Der Artname *podagraria* bezieht sich auf den Ausdruck Podagra, die früher gebräuchliche Bezeichnung für die Gicht.

Gewöhnlicher Giersch

Aegopodium podagraria

Wälder, Hecken

Erntezeit

J	F	M	A	M	J	J	A	S	O	N	D
			■	**■**	**■**	**■**	**■**	**■**	**■**		

Blütezeit

J	F	M	A	M	J	J	A	S	O	N	D
				■	**■**	**■**	**■**				

50 bis 150 cm

Erscheinungsbild

Diese große, zweijährige Pflanze hat lange, fleischige Wurzeln und am Stängelansatz herzförmige, ausladende, gewellte Blätter. Diese haben einen langen, dicken Stiel und tragen auf der Unterseite einen weißlichen Flaum. Der Stängel entwickelt sich erst im zweiten Jahr. Die Hüllblätter der Blütenkörbe, die aus malvenfarbigen Blättern bestehen, bilden an der Spitze kleine Häkchen. Wenn sie noch nicht blüht, wird die Große Klette leicht mit anderen Klettenarten oder der Gewöhnlichen Pestwurz verwechselt.

Verbreitungsgebiet und Standort

In fast allen gemäßigten Klimazonen; auf Ödland, an Waldrändern, in lichten Wäldern und an Wegrändern.

Eigenschaften

Durch ihre blutreinigende und diuretische Wirkung trägt die Große Klette zur Reinigung des Organismus bei und unterstützt die Tätigkeit der Leber und der Nieren. Außerdem hilft sie gegen Gelenkbeschwerden sowie vor allem gegen Hauterkrankungen wie etwa Ekzemen, Schuppenflechte und Akne. Die antibiotische Wirkung ihrer Wurzeln ist wissenschaftlich belegt.

Anwendung

Am besten verwendet man die Wurzeln in Form eines Sudes oder einer Tinktur, innerlich angewendet oder äußerlich mittels einer Kompresse.

Große Klette

Arctium lappa

Pestwurz

Erntezeit

April–Juni (Blattstiele, Stängel), Oktober–März (Wurzeln)

J	F	M	A	M	J	J	A	S	O	N	D

Blütezeit

J	F	M	A	M	J	J	A	S	O	N	D

15 bis 50 cm

Erscheinungsbild

Diese kleine, ausdauernde Pflanze ist durchgehend behaart und anhand der runden, weißen Flecken auf den Blättern leicht zu erkennen. Die ungestielten Blätter stehen gegenständig, sind von mittlerer Größe, oval und an den Enden spitz. Die kleinen, rosa und lila Blüten bilden an der Spitze des Stängels einen dichten Blütenstand, der anfangs spiralförmig zusammengerollt ist und sich während der Blütezeit entfaltet. Das Gefleckte Lungenkraut wird leicht mit anderen Arten der Lungenkräuter verwechselt, was aber keine Gefahr darstellt.

Verbreitungsgebiet und Standort

An Waldrändern, in lichten Wäldern und Laubwäldern.

Eigenschaften

Das Gefleckte Lungenkraut hilft bei Erkrankungen der Lunge wie etwa Bronchitis, und es wirkt beruhigend bei Entzündungen der Mundhöhle und des Rachens. Seine Schleimstoffe unterstützen die Narbenbildung, was bei Ekzemen, Wunden und Insektenstichen hilft.

Warnhinweis

Enthält Alkaloide; diese können bei übermäßigem und wiederholtem Konsum die Leber schädigen.

Anwendung

Aus den getrockneten Blättern wird Tee zubereitet. Dieser wird getrunken, für Kompressen oder zum Gurgeln verwendet, um Husten zu stillen und Entzündungen der Mundhöhle zu lindern.

Geflecktes Lungenkraut

Pulmonaria officinalis

Wälder, Hecken

Erntezeit

J	F	**M**	**A**	**M**	**J**	**J**	**A**	**S**	O	N	D

Blütezeit

J	F	M	**A**	**M**	**J**	J	A	S	O	N	D

1 bis 4 m

Erscheinungsbild

Diese mehrjährige Kletterpflanze kann eine beachtliche Höhe erreichen. Die Blätter sind gestielt; die unteren bilden drei gezackte Lappen aus, die oberen sind herzförmig und laufen spitz zu. Während der Blütezeit bilden die weiblichen Pflanzen hängende Zapfen; diese bestehen aus grünlichen Schuppen, sind länglich oder rund, enthalten ein sehr aromatisches ätherisches Öl (das auch dem Bier seinen Geschmack verleiht) und fühlen sich klebrig an.

Verbreitungsgebiet und Standort

In Europa und Westasien; an Waldrändern und in feuchten Laubwäldern.

Eigenschaften

Hopfen regt die Verdauung an. Außerdem wirkt er beruhigend und kann so beim Einschlafen helfen.

Warnhinweis

Nicht geeignet für Schwangere, Stillende und Kinder. Achtung bei Problemen mit dem Hormonhaushalt. **Vor der Einnahme fachlichen Rat einholen.**

Anwendung

Aus den getrockneten weiblichen Zapfen wird Tee zubereitet, den man gegen Schlaflosigkeit trinkt. Eine Tinktur, vor dem Essen eingenommen, hilft bei der Verdauung.

Echter Hopfen

Humulus lupulus

Erntezeit

J	F	M	A	M	J	**J**	**A**	S	O	N	D

Blütezeit

J	F	M	A	M	J	**J**	**A**	**S**	O	N	D

ZYPRESSENGEWÄCHSE

1 bis 6 m

Erscheinungsbild

Diese Strauchpflanze hat kleine, stechende Nadeln, die quirlig auf den Zweigen stehen und auf der Oberseite einen breiten, hellen Streifen tragen. Der Gemeine Wacholder ist zweihäusig, jede Pflanze hat also entweder männliche oder weibliche Blüten. Beide Blütenformen sind vergleichsweise klein und unscheinbar. Die weiblichen Pflanzen bilden kleine, aromatische Zapfen, die wie Beeren aussehen, anfangs grün sind und später bläulich-schwarz werden.

Verbreitungsgebiet und Standort

In Europa, Afrika, Asien und Amerika; in Wäldern, auf Heideland und auf kalkhaltigen Hängen.

Eigenschaften

Die Beeren sind reich an ätherischen Ölen, die diuretisch und desinfizierend wirken und bei Harnwegsinfekten oder Wassereinlagerungen helfen können. Außerdem regen sie die Verdauung an, wirken entzündungshemmend und senken den Blutzuckerspiegel.

Warnhinweis

Schwangere und Stillende sollten auf die Einnahme verzichten, ebenso Menschen, die an Niereninsuffizienz oder Diabetes leiden.

Anwendung

Aus den getrockneten, zerstoßenen Beeren und den jungen Trieben kann Tee oder eine Tinktur hergestellt werden. Zudem wird Wacholder gerne als Gewürz verwendet.

Gemeiner Wacholder

Juniperus communis

Wälder, Hecken

Erntezeit

April–Mai (Triebe), ganzjährig (Zapfen)

J	F	M	A	M	J	J	A	S	O	N	D

Blütezeit

J	F	M	A	M	J	J	A	S	O	N	D

HEIDEKRAUTGEWÄCHSE

20 bis 60 cm

Erscheinungsbild

Dieser locker verzweigte Zwergstrauch besitzt kleine, nadelförmige Blätter, die eine hervortretende zentrale Blattader haben und in Dreiergruppen quirlig am Stängel stehen. Die glockenförmigen, hellpurpurfarbenen Blüten bilden einen dichten, langgestreckten, ährenförmigen Blütenstand. Die Graue Glockenheide wird manchmal mit der Besenheide verwechselt, die fast identische medizinische Eigenschaften besitzt.

Verbreitungsgebiet und Standort

In Europa und Asien; auf Heideland und Trockenwiesen sowie in Nadelwäldern mit sauren Böden. In Deutschland kommt sie natürlicherweise nur im äußersten Westen vor.

Eigenschaften

Die Graue Glockenheide wirkt diuretisch und antiseptisch und hilft daher vor allem gegen Harnwegsinfekte. Außerdem wird sie gegen Nierensteine eingesetzt.

Anwendung

Die getrockneten Blütenstände werden in der Regel zu einem Sud verkocht, man kann aus ihnen aber auch eine Tinktur herstellen.

Besonderheiten

In manchen europäischen Ländern, etwa in Frankreich, gehört die Graue Glockenheide zu den geschützten Arten.

Graue Glockenheide

Erica cinerea

Erntezeit

J F M A M **J J A** S O N D

Blütezeit

J F M A M **J J A S O** N D

BUCHENGEWÄCHSE

15 bis 50 m

Erscheinungsbild

Die Eiche ist ein wahrhaft majestätischer Baum. Ihre Rinde ist grau und platzt im Lauf der Jahre auf. Die Blätter sind rund oder haben mehr oder weniger gerundete Lappen. Die Blätter der Stieleiche *(Quercus robur)* sind nur kurz gestielt und bilden am Ansatz zwei Öhrchen aus, während die Eicheln an einem langen Stiel hängen. Bei der Traubeneiche *(Quercus petraea)* sind dagegen die Blätter gestielt und die Früchte ungestielt.

Verbreitungsgebiet und Standort

In Europa und Westasien kommt die Eiche natürlich in Wäldern vor, wird aber auch in Städten angepflanzt.

Eigenschaften

Die Tannine der Eicheln straffen das Gewebe der Haut und der Schleimhäute und lindern so Entzündungen bei Erkrankungen der Mundhöhle, bei Angina, Durchfall, Wunden oder nässenden Ekzemen.

Warnhinweis

In zu hohen Dosen können die Tannine die Verdauungsorgane schädigen und Erbrechen und Verstopfung verursachen. **Vor der Einnahme fachlichen Rat einholen.**

Anwendung

Aus den Blättern und der Rinde wird Tee bzw. Sud zubereitet, der dann in geringen Mengen getrunken wird.

Eiche

Quercus sp

Erntezeit

März–Oktober (Blätter, Rinde), September–Oktober (Samen)

J	F	M	A	M	J	J	A	S	O	N	D

Blütezeit

J	F	M	A	M	J	J	A	S	O	N	D

15 bis 40 m

Erscheinungsbild

Ein prachtvoller Baum mit ausladenden Ästen, dessen hellgraue Rinde fast zwanzig Jahre lang glatt bleibt. Die großen ovalen Blätter sind gezackt und laufen spitz zu. Sie sind auf der Unterseite behaart und haben einen langen Stiel mit weißem Flaum. Die Blüten haben fünf gelblich-weiße Blätter, verströmen einen wohlriechenden Duft und bilden kleine, braune, harte und runde Früchte aus. Die Sommerlinde kann leicht mit der Winterlinde verwechselt werden, deren Blätter jedoch kleiner sind und deren Blüten weniger stark duften. Beide Arten haben dieselben medizinischen Eigenschaften.

Verbreitungsgebiet und Standort

So gut wie überall in Europa; in Wäldern und an Wegrändern, aber auch häufig angepflanzt in Stadtgebieten.

Eigenschaften

Die Linde wirkt stressmindernd und angstlösend. Weil sie auch schweißtreibend wirkt, hilft sie gegen Fieber; außerdem wird sie bei Verdauungsproblemen eingesetzt sowie bei Herz-Kreislauf-Erkrankungen, die durch Bluthochdruck bedingt sind.

Anwendung

Die Blüten werden zum Höhepunkt der Blütezeit gesammelt. Man verwendet sie frisch oder getrocknet, in Form von Tee oder seltener als Tinktur.

Sommerlinde

Tilia platyphyllos

Wälder, Hecken

Erntezeit

J	F	M	A	M	J	J	A	S	O	N	D

Blütezeit

J	F	M	A	M	J	J	A	S	O	N	D

KIEFERNGEWÄCHSE

15 bis 40 m

Erscheinungsbild

Dieser Baum mit geradem Stamm hat eine in Schuppen aufspringende Borke. Die gewundenen Äste sitzen oben am Stamm und bilden eine kegelförmige Krone. Die immergrünen, tief gefurchten und gebogenen Nadeln sitzen paarweise auf den Zweigen. Die männlichen Zapfen sind gelb-orangefarbene Ähren, die weiblichen sind dagegen rötlich und verholzen nach der Befruchtung. Sie enthalten die kleinen, bräunlichen Kerne. Die Waldkiefer kann leicht mit anderen Kieferngewächsen verwechselt werden, die jedoch vergleichbare Eigenschaften besitzen.

Verbreitungsgebiet und Standort

In Zentraleuropa und im nördlichen Asien; in Bergwäldern, etwa in den Alpen oder den Pyrenäen.

Eigenschaften

Kiefernöl wirkt antimikrobiell, entzündungshemmend und schleimlösend. Es wird bei typischen Wintererkrankungen eingesetzt, die von Husten und Halsschmerzen begleitet werden, wie etwa Schnupfen oder Bronchitis.

Anwendung

Die Kiefernknospen können im Frühjahr gesammelt und dann für Tee oder Sud verwendet werden, aber auch zur Zubereitung einer Tinktur, denn Alkohol ist ideal, um ihnen das Harz zu entziehen. Räucherkuren mit den ätherischen Ölen der Kiefer haben sich gleichfalls als sehr wirkungsvoll erwiesen.

Waldkiefer

Pinus sylvestris

Wälder, Hecken

Erntezeit

J F M A M J J A S O N D

Blütezeit

J F M A M J J A S O N D

10 bis 30 cm

Erscheinungsbild

Diese ausdauernde Pflanze ist behaart und hat einen starren Stängel, der sich gegen Ende der Blütezeit dunkel färbt. Die ovalen, gegenständigen Blätter sind gewellt und an der mittleren Blattader mehr oder weniger stark geknickt. Die kleinen Blüten bestehen aus vier lilafarbenen Blütenblättern mit länglichen, dunklen Streifen, und die langen Staubblätter ragen deutlich über die Krone hinaus. Die Blüten stehen in Ähren an der Spitze der Zweige.

Verbreitungsgebiet und Standort

In Europa und Westasien; auf Heideland und Wiesen, in Wäldern und an Wegrändern.

Eigenschaften

Der Echte Ehrenpreis wird wegen seiner verdauungsfördernden und schleimlösenden Wirkung geschätzt, und er wirkt beruhigend bei Husten und Bronchitis. Auch gegen Rheuma kann er eingesetzt werden, und äußerlich wird er bei Wunden und Ekzemen angewendet.

Anwendung

Aus Blättern und Blütenständen wird Tee zubereitet, den man trinkt oder zum Gurgeln verwendet. Bei Hauterkrankungen kann man ihn auch für Kompressen verwenden.

Echter Ehrenpreis

Veronica officinalis

Erntezeit

J	F	M	A	M	J	J	A	S	O	N	D

Blütezeit

J	F	M	A	M	J	J	A	S	O	N	D

2 bis 4 m

Erscheinungsbild

Dieser dornige Strauch hat eine hellgraue Rinde, die anfangs glatt ist und im Lauf der Jahre schuppig wird. Die gezackten Blätter sind tief gekerbt und bilden fünf bis sieben Lappen, die jeweils spitz zulaufen. Die Blüten haben fünf weiße oder rosafarbene Blätter und sitzen in Gruppen am Ende der Zweige. Die Früchte sind rot und rundlich-oval. Kann leicht mit anderen Weißdorn-Arten verwechselt werden, was aber keine Gefahr darstellt.

Verbreitungsgebiet und Standort

In Europa, Afrika und Westasien; in Wäldern, Hecken und an Waldrändern.

Eigenschaften

Weißdorn hilft bei Herz-Kreislauf-Erkrankungen (Herzrhythmusstörungen, Herzrasen etc.) und bei Herzschwäche im Alter. Die Früchte wirken regulierend auf die Darmpassage.

Warnhinweis

Weißdorn kann eine starke Wirkung auf die Herztätigkeit haben. **Nur unter ärztlicher Aufsicht einnehmen.**

Anwendung

Verwendet werden die Blätter, die Blüten und die Früchte, jeweils frisch oder getrocknet. Man bereitet aus ihnen Tee zu oder ein alkoholisches Mazerat.

Eingriffeliger Weißdorn

Crataegus monogyna

Wälder, Hecken

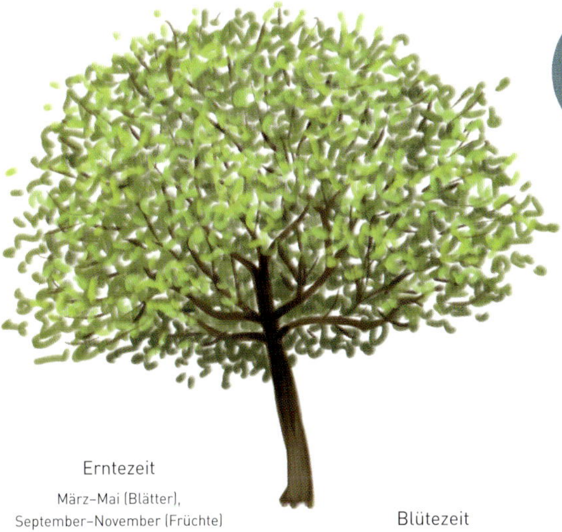

Erntezeit

März–Mai (Blätter),
September–November (Früchte)

J	F	M	A	M	J	J	A	S	O	N	D

Blütezeit

J	F	M	A	M	J	J	A	S	O	N	D

ROSENGEWÄCHSE

1 bis 3 m

Erscheinungsbild

Die biegsamen Stängel dieses Strauchs sind grün oder rötlich und tragen hakenförmige Stacheln. Die wechselständigen Blätter sind gezackt und bestehen aus fünf bis neun ovalen Blättchen. Die großen Blüten haben fünf weiße oder rosafarbene Blätter, und aus ihren Stielen entstehen die roten, rundlichen Hagebutten. Sie enthalten die eigentlichen Früchte sowie das berüchtigte Juckpulver.

Verbreitungsgebiet und Standort

Ursprünglich in Europa, Zentralasien und Nordafrika beheimatet, ist die Hunds-Rose heute in vielen gemäßigten Klimazonen zu finden, in Hecken, an Waldrändern, auf Anhöhen, Brachflächen und Böschungen.

Eigenschaften

Hagebutten enthalten zwanzig Mal so viel Vitamin C wie Orangen. Sie beugen gegen Skorbut vor, wirken kräftigend, antioxidierend und entzündungshemmend. Sie stärken das Immunsystem und helfen so im Kampf gegen typische Winterkrankheiten und grippale Zustände, Erschöpfung und Erkältung. Außerdem fördern sie die Verdauung und lindern Gelenkschmerzen.

Anwendung

Aus den getrockneten Früchten kocht man einen Sud, oder man verarbeitet sie durch Mazeration in Wasser zu Saft. Aus den Blütenblättern kann man einen Ölauszug herstellen, der bei Hautrötungen und Ekzemen verwendet werden kann.

Hunds-Rose

Rosa canina

Erntezeit

Oktober–März (Früchte)

J	**F**	**M**	A	M	J	J	A	S	**O**	**N**	**D**

Blütezeit

J	F	M	A	**M**	**J**	**J**	A	S	O	N	D

1 bis 4 m

Erscheinungsbild

Diese holzige Strauchpflanze hat lange Zweige, die gebogen und mit Dornen besetzt sind. Die Blätter bestehen aus drei bis fünf ovalen, spitz zulaufenden Blättchen. Die Blüten haben fünf Blätter, die weiß oder rosa sind. Die Früchte sind rundlich, anfangs rot, im reifen Zustand dann schwarz. Es gibt zahlreiche Arten von Brombeeren; alle haben jedoch dieselben Eigenschaften.

Verbreitungsgebiet und Standort

In ganz Europa, vor allem in nördlichen Regionen; in Hecken, an Waldrändern, in Wäldern, auf Brachflächen und in Gärten.

Eigenschaften

Die Brombeere wirkt blutstillend, blutreinigend, entzündungshemmend und blutzuckersenkend. Sie wird bei Erkrankungen der Mundhöhle verwendet, bei Angina sowie bei Verdauungsstörungen. Die Früchte sind reich an Vitaminen und Antioxidantien und helfen gegen Durchfall.

Anwendung

Die getrockneten Blätter verströmen einen angenehmen Duft und wurden lange Zeit als Ersatz für Teeblätter verwendet. Man bereitet aus ihnen einen schwachen Sud zu (zwei bis drei Minuten), den man trinkt oder zum Gurgeln verwendet, oder eine Tinktur. Die Früchte können roh gegessen oder zu Saft oder Sirup verarbeitet werden.

Brombeere

Rubus fruticosus

Erntezeit

März–Mai (Blätter, junge Triebe),
August–September (Früchte)

J	F	M	A	M	J	J	A	S	O	N	D

Blütezeit

J	F	M	A	M	J	J	A	S	O	N	D

10 bis 30 cm

Erscheinungsbild

Die Blätter dieser ausdauernden Pflanze stehen in Quirlen von sechs bis acht am aufrecht wachsenden Stängel. Sie sind oval, länglich und schmal, haben einen glatten Rand und laufen spitz zu. Die kleinen, schwach aromatischen Blüten sitzen am Ende des Stängels und haben vier miteinander verwachsene Blätter mit spitzen Enden. Waldmeister kann mit anderen Arten von Labkraut verwechselt werden, was jedoch keine Gefahr darstellt. Doch nur Waldmeister entfaltet beim Trocknen einen süßlichen, an Vanille erinnernden Geruch.

Verbreitungsgebiet und Standort

In Europa und Westasien; im kühlen und feuchten Unterholz.

Eigenschaften

Wegen seiner diuretischen Wirkung wird er bei Ödemen und Venenerkrankungen verwendet, aber auch gegen Angstzustände, Schlaflosigkeit und Herz-Kreislauf-Beschwerden.

Warnhinweis

Waldmeister muss unbedingt vor Schimmel geschützt werden. Er ist nicht geeignet für Schwangere und Stillende und darf nicht zusammen mit Gerinnungshemmern eingenommen werden. **Vor der Einnahme fachlichen Rat einholen.**

Anwendung

Die Blätter und die Blütenstände, die vor der Blütezeit gesammelt werden sollten, werden getrocknet und dann als Tee verwendet, meist jedoch zur Aromatisierung von Getränken.

Waldmeister

Galium odoratum

Erntezeit

März–Mai (Blätter, junge Triebe), August–September (Früchte)

J F M A M J J A S O N D

Blütezeit

J F M A M J J A S O N D

80 bis 200 cm

Erscheinungsbild

Diese aromatische, zweijährige oder ausdauernde Pflanze kann eine beachtliche Größe erreichen. Die Blätter sind gestielt und bestehen aus gezackten Blättchen, die ovale, spitz zulaufende Lappen bilden. Der kräftige Stängel ist hohl, außen glatt und oft rötlich gefärbt. Die weißen oder rosafarbenen Blüten bilden zahlreiche runde Dolden. Die Früchte sind abgeflacht und geflügelt. Es besteht keine Verwechslungsgefahr mit anderen, giftigen Doldenblütlern, da deren Blätter deutlicher eingeschnitten sind (ähnlich wie Petersilie).

Verbreitungsgebiet und Standort

In Europa, Asien und Nordamerika; an Ufern von Gewässern, in kühlen Wäldern und an feuchten und schattigen Orten.

Eigenschaften

Die Wald-Engelwurz enthält einen kräftigen aromatischen Stoff sowie Bitterstoffe, die die Verdauung spürbar anregen. Sie wirkt krampflösend und wird gegen Appetitlosigkeit und Verdauungsstörungen eingesetzt. Außerdem kann sie menstruationsfördernd wirken.

Anwendung

Blätter, Stängel, Früchte und Wurzeln können für Tee oder alkoholische Mazerate verwendet werden (nicht jedoch für Sud, weil dabei die empfindlichen aromatischen Inhaltsstoffe zerstört würden).

Wald-Engelwurz

Angelica sylvestris

Feucht-
gebiete

Erntezeit

April–Juni (Triebe, Stängel),
Mai–September (Blütenstände, Blätter,
Früchte), ganzjährig (Wurzeln)

J F M A M J J A S O N D

Blütezeit

J F M A M J J A S O N D

20 bis 100 cm

Erscheinungsbild

Ausdauernde Pflanze mit dickem, verzweigtem Stängel und langen, lanzettförmigen, gezackten Blättern. Die Blätter sind wechselständig, haben einen sehr kurzen Stiel und eine deutlich hervortretende mittlere Blattader. Weil sie in unterschiedliche Richtungen zeigen, wirkt die Pflanze wie eine kleine, dicht bewachsene Palme. Auffällig sind die langen Trauben aus kleinen Blüten mit ihren gelb leuchtenden Blättern, die von einer grünen, röhrenförmigen Blütenhülle umgeben sind.

Verbreitungsgebiet und Standort

In Europa, Nordafrika und Asien; in Waldgebieten, auf feuchten Wiesen, Heideland und in lichten Wäldern.

Eigenschaften

Die Gewöhnliche Goldrute wirkt diuretisch und antibakteriell und wird daher häufig gegen Harnwegsinfekte eingesetzt. Außerdem wirkt sie bei leichten Verdauungsbeschwerden beruhigend sowie, bei äußerer Anwendung, entzündungshemmend.

Warnhinweis

Bei Niereninsuffizienz **vor der Anwendung fachlichen Rat einholen.**

Anwendung

Die frisch getrockneten Blütenstände und Blätter werden zu Tee, Tinktur und Ölauszug verarbeitet und dann lokal angewendet.

Gewöhnliche Goldrute

Solidago virgaurea

Erntezeit

April–September (Blätter),
Juli–August (Blüten)

J	F	M	A	M	J	J	A	S	O	N	D

Blütezeit

J	F	M	A	M	J	J	A	S	O	N	D

BIRKENGEWÄCHSE

10 bis 25 m

Erscheinungsbild

Dieser Baum hat einen schmalen Stamm und ist gut an seiner weißen, abblätternden Rinde zu erkennen. Die gezackten Blätter sind einfach, annähernd rautenförmig und stehen wechselständig. Sie laufen spitz zu und tragen auf der Unterseite einen dünnen Flaum. Die männlichen Blüten sind dichte, gelbliche Kätzchen und hängen herab, die weiblichen sind grün, stehen aufrecht und sind unauffälliger. Aus ihnen entwickeln sich kleine Flügelfrüchte.

Verbreitungsgebiet und Standort

In Mittel- und Nordeuropa sowie in den gemäßigten Regionen Asiens; an allen feuchten Standorten und in den Bergen.

Eigenschaften

Die Hänge-Birke wirkt diuretisch und antiseptisch und hilft daher gegen Harnwegsinfekte. Außerdem wird sie gegen rheumatische Schmerzen und Gicht eingesetzt.

Warnhinweis

Bei Niereninsuffizienz fachlichen Rat einholen.

Anwendung

Die Blätter können zu Tee aufgegossen oder, wenn sie jung sind, zur Verfeinerung in den Salat gegeben werden. Die Rinde und der Saft haben blutreinigende Wirkung.

Hänge-Birke

Betula pendula

Feucht-
gebiete

Erntezeit

J	F	M	A	M	J	J	A	S	O	N	D

Blütezeit

J	F	M	A	M	J	J	A	S	O	N	D

WEIDENGEWÄCHSE

15 bis 30 m

Erscheinungsbild

Prächtiger Baum mit graubraunem Stamm und aufgesprungener, bisweilen schuppiger Rinde. Die lanzettförmigen Blätter sind auf der Oberseite grün und auf der Unterseite seidigweich, was dem Baum seinen typischen silbrigen Glanz verleiht. Die Blüten bilden Gruppen von hängenden, gelb-grünen Kätzchen; die weiblichen sind größer als die männlichen.

Verbreitungsgebiet und Standort

In ganz Europa, in Westasien und Nordamerika; an den Ufern von Seen, Bächen und Flüssen sowie in Gebieten, die regelmäßig überschwemmt werden.

Eigenschaften

Die Silber-Weide wirkt entzündungshemmend sowie schmerzlindernd und dadurch beruhigend. Außerdem hat sie fiebersenkende Wirkung und wird daher bei Fieber und Erkältungen eingesetzt.

Warnhinweis

Nicht geeignet für Kinder, Schwangere und Stillende sowie für Menschen, die allergisch auf Aspirin sind.

Anwendung

Klassischerweise fertigt man aus der Rinde einen Sud an.

Silber-Weide

Salix alba

Erntezeit

J	F	M	A	M	J	J	A	S	O	N	D
		■	**■**	**■**				**■**	**■**	**■**	

Blütezeit

J	F	M	A	M	J	J	A	S	O	N	D
			■	**■**							

RAUBLATTGEWÄCHSE

40 bis 100 cm

Erscheinungsbild

Die Blätter dieser ausdauernden, behaarten Pflanze sind lang und breit, haben hervortretende Blattadern, einen glatten Rand und laufen spitz zu. Der kräftige Stängel wächst aufrecht, die Blütenrispe besteht aus rosafarbenen, violetten, gelben oder weißen Glöckchen. Der Echte Beinwell kann leicht mit anderen Beinwellarten verwechselt werden, was keine Gefahr darstellt, aber auch mit dem extrem giftigen Roten Fingerhut.

Verbreitungsgebiet und Standort

In Europa und Nordamerika; auf Feuchtwiesen, in Gräben und an Ufern von Gewässern.

Eigenschaften

Der Echte Beinwell wirkt regenerierend und fördert die Narbenbildung und beschleunigt so die Heilung von beschädigtem Gewebe, gebrochenen Knochen und gezerrten Muskeln.

Warnhinweis

Alle Pflanzenteile, insbesondere die Wurzeln, enthalten Alkaloide, die die Leber schädigen können. **Die Dosierung muss von einem Fachmann festgelegt werden.**

Anwendung

In Form von Tee, Tinktur oder Ölauszug. Wenn man die Blätter zerdrückt (um die pelzigen Härchen zu entfernen) und zerkleinert, kann man sie in einem Wickel auf oberflächliche offene Wunden auftragen.

Echter Beinwell

Symphytum officinale

Fingerhut

Beinwell

Erntezeit

J	F	M	A	M	J	J	A	S	O	N	D

Blütezeit

J	F	M	A	M	J	J	A	S	O	N	D

GEISSBLATTGEWÄCHSE

40 bis 120 cm

Erscheinungsbild

Ausdauernde Pflanze mit dickem, zylindrischem und hohlem Stängel, der in Längsrichtung gerillt ist. Die Blätter stehen gegenständig, verzweigen sich in zahlreiche ovale Lappen, die gezackt und mehr oder weniger spitz sind. Die Krone besteht aus einer kugelförmigen Schirmtraube aus weißen oder rosafarbenen Blüten, die oben auf dem Stängel sitzt. Das Wurzelgeflecht besteht aus zahlreichen weiß-gelblichen Strängen.

Verbreitungsgebiet und Standort

In Europa und Westasien; auf Feuchtwiesen und in feuchten Waldgebieten, auf Uferböschungen und in Gräben.

Eigenschaften

Baldrian wirkt beruhigend und angstlösend und hilft beim Einschlafen. Außerdem wirkt er schmerzlindernd und krampflösend und wird daher bei Muskelschmerzen und Krämpfen im Verdauungstrakt eingesetzt.

Warnhinweis

Baldrian sollte nicht über einen längeren Zeitraum hinweg eingenommen werden. Epileptiker sollten ganz auf ihn verzichten. **Die Dosierung sollte von einem Fachmann festgelegt werden.**

Anwendung

Man verwendet die Wurzel, am besten frisch, stellt aus ihr jedoch keinen Sud her, sondern Tee, um die aromatischen Inhaltsstoffe zu erhalten. Aber auch für Tinkturen ist sie geeignet.

Echter Baldrian

Valeriana officinalis

Erntezeit

J	F	M	A	M	J	J	A	S	O	N	D

Blütezeit

J	F	M	A	M	J	J	A	S	O	N	D

HÜLSENFRÜCHTLER

50 bis 150 cm

Erscheinungsbild

Zweijährige oder mehrjährige, aufrecht wachsende Pflanze. Die gestielten Blätter stehen wechselständig und bestehen meist aus drei schmalen, ovalen Blättchen, die fein gezackt sind und deren zentrale Blattader tief eingekerbt ist. Die hübschen, hellgelben Blüten sind schmetterlingsförmig, bilden am oberen Ende des Stängels lange, dichte Trauben und verbreiten einen wohlriechenden Duft.

Verbreitungsgebiet und Standort

Fast in ganz Westeuropa; auf Böschungen von Flüssen und Bächen sowie an kühlen und feuchten Stellen.

Eigenschaften

Der Steinklee lässt Ödeme abschwellen, vor allem, indem er den venösen Rückstrom anregt. Manchmal wird er auch gegen Stress und Schlaflosigkeit eingesetzt, oder auch bei Herzinsuffizienz.

Warnhinweis

Darf nicht zusammen mit Gerinnungshemmern verwendet werden. Steinklee enthält Kumarin, das in hohen Dosen schädlich sein kann. **Nicht ohne ärztliche Beratung anwenden.**

Anwendung

Alle oberirdischen Pflanzenteile können frisch oder getrocknet verwendet werden, in Form von Tee oder Tinktur, oder man stellt einen Ölauszug her und verwendet ihn als Grundlage für Salben.

Hoher Steinklee

Melilotus altissimus

Feucht-
gebiete

Erntezeit

J	F	M	A	M	J	J	A	S	O	N	D

Blütezeit

J	F	M	A	M	J	J	A	S	O	N	D

30 bis 80 cm

Erscheinungsbild

Ausdauernde Pflanze, die oft Kolonien bildet. Die großen Grundblätter haben eine verdickte mittlere Blattader, sind länglich-oval, laufen spitz zu und sitzen auf langen Stielen, die am Ende rosafarben sind. Die Blätter am Stängel sind kurz und ungestielt. Die rosafarbenen Blüten bilden längliche, aufgerichtete Ähren. Die dicken Wurzeln sind im Inneren blassrosa. Der Schlangen-Knöterich wird leicht mit anderen Knöterichgewächsen oder Ampferarten verwechselt, die jedoch nicht giftig sind.

Verbreitungsgebiet und Standort

In Europa, Asien und Nordamerika; auf Feuchtwiesen, sowohl in Bergregionen als auch in Ebenen.

Eigenschaften

Der Schlangen-Knöterich wirkt antiseptisch sowie adstringierend und fördert bei kleinen Wunden die Narbenbildung. Außerdem wird er bei Entzündungen des Rachens und der Mundhöhle verwendet, bei Durchfall oder zur Anregung des venösen Rückstroms.

Warnhinweis

Nicht geeignet für Schwangere und Stillende. Weil er reich an Tanninen ist, sollte er nur in geringen Dosen angewendet werden. **Vor der Einnahme fachlichen Rat einholen.**

Anwendung

Die Wurzeln werden frisch oder getrocknet verwendet und zu Sud oder Tinktur verarbeitet.

Schlangen-Knöterich

Bistorta officinalis

Feucht-
gebiete

Erntezeit

Mai–Oktober (Blätter),
ganzjährig (Wurzeln)

J	F	M	A	M	J	J	A	S	O	N	D

Blütezeit

J	F	M	A	M	J	J	A	S	O	N	D

10 bis 60 cm

Erscheinungsbild

Kleine, ausdauernde Kriechpflanze mit runden, gegenständigen Blättern, die an der mittleren Blattader leicht geknickt sind. Die Blüten sitzen an der Spitze des Stängels und bestehen aus fünf goldgelben Blättern, die bisweilen zweispaltig sind.

Verbreitungsgebiet und Standort

Fast überall in Europa; an Flussläufen, in Gräben, auf Feuchtwiesen und in feuchten Wäldern.

Eigenschaften

Weil es adstringierend wirkt, hat das Pfennigkraut blutstillende Wirkung und trägt so zur Vernarbung oberflächlicher Wunden und Verletzungen bei. Lange wurde es gegen Husten und Durchfall verwendet, aber auch gegen Ekzeme und Rheuma.

Anwendung

Alle oberirdischen Pflanzenteile können verwendet werden. Man bereitet aus ihnen Tee zu, den man trinkt, zum Gurgeln verwendet oder in einer Kompresse auf die betroffene Hautstelle aufbringt.

Warnhinweis

Anwendung und Dosierung müssen von einem Fachmann überwacht werden.

Pfennigkraut

Lysimachia nummularia

Feucht-
gebiete

Erntezeit

J	F	M	**A**	**M**	**J**	**J**	**A**	**S**	O	N	D

Blütezeit

J	F	M	A	M	**J**	**J**	**A**	S	O	N	D

60 bis 120 cm

Erscheinungsbild

Große, ausdauernde Pflanze mit kräftigem, rötlichem Stängel. Die Blätter bestehen aus fünf bis sieben ovalen Blättchen, die gezackt sind und spitz zulaufen. Das abschließende, deutlich größere Blättchen bildet wiederum drei Lappen aus. Die wohlriechenden weißen Blüten bestehen aus fünf Blättern und bilden einen doldenartigen, gefiedert wirkenden Blütenstand. Die Früchte sind sichelförmig gekrümmt.

Verbreitungsgebiet und Standort

In Europa und Westasien; am Ufer von Gewässern und auf Feuchtwiesen.

Eigenschaften

Wirkt entzündungshemmend und schmerzstillend, lindert Schmerzen in Muskeln und Gelenken, wirkt beruhigend auf die Schleimhäute und hilft bei Verdauungsstörungen und Magengeschwüren sowie bei Fieber und Durchfall.

Warnhinweis

Mädesüß enthält Methylsalicylat, das in hohen Dosen Übelkeit verursacht. Nicht geeignet für Kinder, bei Allergie gegen Aspirin und in Verbindung mit Gerinnungshemmern. **Vor Anwendung fachlichen Rat einholen.**

Anwendung

Aus den Blütenständen wird Tee, Tinktur oder Ölauszug zubereitet. Wegen seines süßen, an Vanille erinnernden Aromas lässt sich Mädesüß auch hervorragend in der Küche verwenden!

Echtes Mädesüß

Filipendula ulmaria

Erntezeit

März–Juni (Blätter),
Juni–Oktober (Blüten, Früchte)

J	F	M	A	M	J	J	A	S	O	N	D

Blütezeit

J	F	M	A	M	J	J	A	S	O	N	D

ROSENGEWÄCHSE

40 bis 100 cm

Erscheinungsbild

Die Wurzeln dieser ausdauernden Pflanze wachsen waagrecht, ihr Stängel ist verzweigt und trägt nur wenige Blätter. Die Grundblätter bilden eine Rosette; sie sind gezackt, haben sieben bis fünfzehn ovale, spitz zulaufende Lappen und sind offen oder an der mittleren Blattader leicht geknickt. Der Blütenstand ist eine eiförmige oder runde Ähre aus kleinen, dunkelroten oder purpurroten Blättern, die dicht beisammenstehen.

Verbreitungsgebiet und Standort

In ganz Europa, im Mittelmeerraum jedoch nur selten, sowie im Westen und Norden Asiens; an Wasserläufen, auf Feuchtwiesen und Mooren.

Eigenschaften

Der Wiesenknopf wirkt hauptsächlich adstringierend. Daher verwendet man ihn, um äußere Blutungen und Blutungen der Schleimhaut der Verdauungstrakte zu stillen, aber auch gegen Durchfall oder um den Kreislauf anzuregen, insbesondere bei Krampfadern.

Anwendung

Aus den getrockneten Blättern und Blütenständen wird Tee zubereitet, den man trinkt oder mittels einer Kompresse auf Wunden, blaue Flecken oder Ekzeme aufbringt. Die Blätter junger Pflanzen kann man auch in den Salat geben.

Großer Wiesenknopf

Sanguisorba officinalis

Feucht-
gebiete

Erntezeit

J | F | M | **A** | **M** | **J** | **J** | **A** | **S** | O | N | D

Blütezeit

J | F | M | A | M | **J** | **J** | **A** | **S** | O | N | D

40 bis 70 cm

Erscheinungsbild

Diese aromatische, ausdauernde Pflanze ist unbehaart, ihre Grundblätter bestehen aus drei großen Blättchen, die drei ovale, deutlich gezackte Lappen bilden. Der gerillte Stängel ist innen hohl und trägt kleine Blätter, die auf gewölbten Stielen sitzen. Die ausladenden Dolden bestehen aus weißen Blüten, die sich zu flachen, geflügelten Früchten entwickeln. Die dicken Wurzeln sind reich an ätherischen Ölen und duften stark nach Sellerie. Aufgrund seiner Standorte und der typischen Form der Blätter mit den großen Blättchen besteht keine Verwechslungsgefahr mit giftigen Doldenblütlern.

Verbreitungsgebiet und Standort

In europäischen Bergregionen; auf Wiesen, Weideland, Ödland und feuchten Böden.

Eigenschaften

Durch ihre Bitterstoffe regt die Meisterwurz den Appetit an und fördert die Verdauung. Die in ihr enthaltenen Tannine wirken adstringierend, und sie gilt als schleimlösend, weshalb sie bei Bronchitis und Lungenentzündung verwendet wird.

Anwendung

Um die ätherischen Öle zu bewahren, bereitet man aus den Wurzeln Tee zu oder verarbeitet sie zu Tinktur oder Likör, der zu Heilzwecken verwendet wird. Außerdem sind alle Pflanzenteile genießbar und wohlschmeckend.

Meisterwurz

Peucedanum osthrutium

Berge

Erntezeit

J	F	M	A	M	J	J	A	S	O	N	D

Blütezeit

J	F	M	A	M	J	J	A	S	O	N	D

20 bis 60 cm

Erscheinungsbild

Ausdauernde, leicht behaarte Pflanze, deren ovale Grundblätter spitze bis abgerundete Enden haben und eine flache oder aufrechte Rosette bilden. Am Stängel sitzen wenige Blätter; sie sind gegenständig und ungestielt. Die hellgelben Blüten bilden an der Spitze des Stängels einen Korb, der ein wenig an Sonnenblumen erinnert. Die Früchte sind flaumtragende Samen, ähnlich wie die des Löwenzahns.

Verbreitungsgebiet und Standort

Im europäischen Bergland; auf Magerwiesen, Weideflächen und Heideland.

Eigenschaften

Arnika wirkt entzündungshemmend, schmerzlindernd und antimikrobiell und lindert daher Verletzungen aller Art (Prellungen, blaue Flecken, Wunden) sowie rheumatische Beschwerden und Gelenkschmerzen.

Warnhinweis

In hohen Dosen kann Arnika die Spannung des Herzmuskels erhöhen. **Immer ärztlichen Rat einholen!**

Anwendung

Aus den getrockneten Blütenkörben und den Wurzeln wird Tee, Sud oder Tinktur hergestellt, aber auch Ölauszug, der als Grundstoff für Salben dient.

Echte Arnika

Arnica montana

Erntezeit

Juni–Juli (Blüten),
September–Oktober (Wurzeln)

J	F	M	A	M	J	J	A	S	O	N	D

Blütezeit

J	F	M	A	M	J	J	A	S	O	N	D

Berge

20 bis 60 cm

Erscheinungsbild

Mit seinen langgestreckten und verzweigten rötlichen Stängeln und den immergrünen Blättern bildet dieser kleine, niederliegende Strauch ein kompaktes Geflecht. Die Blätter sind oval, dick und auf der Oberseite glänzend. Die weißen, glockenförmigen Blüten sind am Rand leicht rosa gefärbt und hängen in Trauben an den Zweigen. Aus ihnen entwickeln sich kleine, rote, runde Beeren.

Verbreitungsgebiet und Standort

In Europa, Asien und Nordamerika; an schattigen, steinigen Stellen, auf Heideland oder im Unterholz von Bergregionen.

Eigenschaften

Die Bärentraube hat eine starke diuretische und antiseptische Wirkung und eignet sich daher sehr gut zur Behandlung von Harnwegsinfekten.

Warnhinweis

Die Bärentraube ist nicht geeignet für Kinder, Schwangere und Stillende und darf nicht länger als eine Woche am Stück angewendet werden. **Vor Anwendung fachlichen Rat einholen.**

Anwendung

Aus den Blättern wird Tee oder Tinktur zubereitet. Die kleinen Früchte können verzehrt werden, wenn sie zuvor gegart wurden.

Echte Bärentraube

Arctostaphylos uva-ursi

Erntezeit

ganzjährig (Blätter),
September–November (Früchte)

J	F	M	A	M	J	J	A	S	O	N	D

Blütezeit

J	F	M	A	M	J	J	A	S	O	N	D

Berge

20 bis 50 cm

Erscheinungsbild

Immergrüner Zwergstrauch mit grünen Zweigen, der eine gewisse Ähnlichkeit mit der verwandten Bärentraube aufweist. Auch er hat kleine, ovale, glänzende Blätter und trägt kleine Beeren von kräftigem Rot. Der auffälligste Unterschied liegt in den weißen oder rosafarbenen, offenen Blüten, die nicht glockenförmig sind. Außerdem blüht die Preiselbeere etwas später im Jahr.

Verbreitungsgebiet und Standort

In fast allen europäischen Bergregionen; auf Heideflächen, Mooren und in Nadelwäldern.

Eigenschaften

Wie die Bärentraube hat auch die Preiselbeere diuretische und antimikrobielle Eigenschaften und wird hauptsächlich zur Behandlung von Harnwegsinfekten eingesetzt.

Warnhinweis

Wie die meisten diuretisch wirkenden Pflanzen darf auch die Preiselbeere nicht bei Niereninsuffizienz verwendet werden. **Holen Sie in diesen Fällen fachlichen Rat ein.**

Anwendung

Aus den Blättern wird Tee zubereitet. Im Handel werden auch zahlreiche Produkte angeboten, die aus den Knospen hergestellt sind. Die gekochten Früchte sind genießbar und wohlschmeckend.

Preiselbeere

Vaccinium vitis-idaea

Erntezeit

ganzjährig (Blätter),
September–Oktober (Früchte)

J | F | M | A | M | J | J | A | S | O | N | D

Blütezeit

J | F | M | A | M | J | J | A | S | O | N | D

60 bis 120 cm

Erscheinungsbild

Eindrucksvolle, ausdauernde Pflanze mit kräftigem Stängel und breiten, ovalen, spitz zulaufenden Blättern. Diese sind ungestielt, wachsen gegenständig und haben längs verlaufende, hervortretende Blattadern, so wie die Blätter des Wegerichs (siehe S. 70). Die zahlreichen gelben Blüten sitzen am Blattansatz und stehen quirlig am gesamten Stängel. Der Gelbe Enzian kann mit dem Weißen Germer verwechselt werden, dessen Blätter jedoch wechselständig stehen und auf der Unterseite behaart sind.

Verbreitungsgebiet und Standort

In Europa und Kleinasien; auf Weideflächen und in lichten Bergwäldern.

Eigenschaften

Weil der Gelbe Enzian die Verdauung anregt, wird er bei Appetitlosigkeit und leichten Verdauungsstörungen (Blähungen, Krämpfe, Übelkeit) verabreicht.

Warnhinweis

In Maßen anzuwenden. Nicht einnehmen bei Geschwüren und Magenschleimhautentzündung. **Die Dosierung muss von einem Fachmann angepasst werden.**

Anwendung

Aus den Wurzeln wird Tee oder Tinktur zubereitet, aber auch Liköre und Schnäpse mit heilender Wirkung.

Gelber Enzian

Gentiana lutea

Berge

Erntezeit

J	F	M	A	M	J	J	A	S	O	N	D

Blütezeit

J	F	M	A	M	J	J	A	S	O	N	D

20 bis 80 cm

Erscheinungsbild

Ausdauernde, oft stark verzweigte Pflanze, deren ovale Blätter kreuzgegenständig wachsen, einen glatten oder leicht gezackten Rand haben und einen angenehmen Mentholgeruch verströmen, wenn man sie zerreibt. Während der späten Blütezeit entwickelt die Bergminze kleine, zweilippige Blüten, die gänzlich weiß oder weiß mit lilafarbenen Tupfen sind und quirlig am Stängel stehen.

Verbreitungsgebiet und Standort

In den meisten europäischen Bergregionen; an Wegrändern, auf Wiesen und Ödland, jeweils auf trockenen, steinigen Böden.

Eigenschaften

Die Bergminze wird bei Verdauungsbeschwerden, Darmkrämpfen und Blähungen verabreicht. Neuere Studien belegen, dass sie der Bildung von Magengeschwüren vorbeugt. Außerdem regt sie die Geistestätigkeit an.

Anwendung

Alle oberirdischen Pflanzenteile können, frisch oder getrocknet, für Tee verwendet werden. Bergminze verfeinert als aromatisierende Beigabe Salate und andere Gerichte sowie Getränke – und macht sie dabei auch leichter verdaulich!

Kleinblütige Bergminze

Clinopodium nepeta

Erntezeit

J	F	M	A	M	J	J	A	S	O	N	D

Blütezeit

J	F	M	A	M	J	J	A	S	O	N	D

50 bis 150 cm

Erscheinungsbild

Diese ausdauernde Pflanze hat wechselständige, lanzettförmige Blätter, die spitz zulaufen. Sie wachsen aufrecht und haben eine dicke zentrale Blattader, die an der Unterseite hervortritt. Auf der Spitze des rötlichen Stängels stehen in Trauben die Blüten, mit jeweils vier rosafarbenen Blütenblättern sowie vier schmalen, dunkleren Kelchblättern. Kann mit anderen Weidenröschen verwechselt werden, von denen jedoch keines giftig ist.

Verbreitungsgebiet und Standort

Auf der ganzen nördlichen Hemisphäre; an Waldrändern, auf Brachflächen, vor allem in mittleren Berglagen.

Eigenschaften

Das Weidenröschen wirkt adstringierend und lindert Durchfall sowie Entzündungen des Rachens und der Mundhöhle. Seine Schleimstoffe wirken beruhigend auf Entzündungen der Darmschleimhaut. Weil es diuretisch wirkt, wird es auch bei Harnwegsinfekten verabreicht.

Warnhinweis

Nicht geeignet für Schwangere und Stillende. Ein empfindlicher Magen kann durch die Tannine gereizt werden.

Anwendung

Die Blätter werden zu Beginn der Blütezeit gesammelt und dann für Tee verwendet, zum Gurgeln oder zur Zubereitung von Tinktur. Die Knospen und die jungen Triebe sind essbar und wohlschmeckend.

Schmalblättriges Weidenröschen

Epilobium angustifolium

Berge

Erntezeit

J	F	M	A	M	J	J	A	S	O	N	D

Blütezeit

J	F	M	A	M	J	J	A	S	O	N	D

20 bis 50 m

Erscheinungsbild

Hoch aufragender Nadelbaum mit kegelförmiger Krone und silbrig-grauer Rinde, die im Lauf der Zeit rissig wird. Die Blätter sind lange Nadeln, tragen an der Unterseite zwei helle, fast weiße Streifen und stehen in zwei Reihen seitlich an den Zweigen. Die Knospen sind kastanienbraun. Die männlichen Zapfen sind kleiner als die weiblichen; sie stehen aufrecht und sind zunächst rot, später grün. Die Weiß-Tanne darf nicht mit der hoch giftigen Eibe verwechselt werden, die eine rötliche Rinde hat.

Verbreitungsgebiet und Standort

In Zentral- und Nordeuropa; in den Waldgebieten der Berge.

Eigenschaften

Die Weiß-Tanne wirkt antimikrobiell und hustenlösend, lindert Atembeschwerden und hilft bei Bronchitis und Schnupfen mit feuchtem Husten. Äußerlich angewendet, regt sie den Kreislauf an und lindert rheumatische Beschwerden.

Warnhinweis

Nicht anwenden bei Asthma und Herzinsuffizienz. **Ärztlichen Rat einholen.**

Anwendung

Aus den jungen Knospen kann Sud oder alkoholisches Mazerat hergestellt werden.

Weiß-Tanne

Abies alba

Erntezeit

J	F	M	A	M	J	J	A	S	O	N	D

Blütezeit

J	F	M	A	M	J	J	A	S	O	N	D

30 bis 90 cm

Erscheinungsbild

Ausdauernde Pflanze, deren Grundblätter länglich-oval, herzförmig und leicht gewellt sind. Die oberen Blätter haben einen rötlichen Stiel und entlang der mittleren Blattader eine Vertiefung. Die grünlichen Blüten stehen in einer dichten Traube an der Spitze des Stängels. Die Früchte sind rot, flach und herzförmig. Der Alpen-Ampfer kann mit anderen Ampferarten verwechselt werden, die weniger wohlschmeckend, aber nicht giftig sind.

Verbreitungsgebiet und Standort

In Mitteleuropa und Westasien; auf stickstoffreichen Wiesen und auf Weideflächen im Bergland.

Eigenschaften

Der Alpen-Ampfer wirkt adstringierend, blutreinigend und abführend. Er hilft gegen leichte Verdauungsstörungen und wurde früher auch gegen Infektionskrankheiten verabreicht.

Warnhinweis

Weil der Alpen-Ampfer Oxalate enthält, darf er nicht täglich eingenommen werden.

Anwendung

Die getrocknete Wurzel wird zu Sud verarbeitet, aber auch in der Homöopathie verwendet. Der Alpen-Ampfer ist eine wohlschmeckende Pflanze; die Blätter werden wie Spinat zubereitet, die Blattstiele verwendet man wie Rhabarber.

Alpen-Ampfer

Rumex alpinus

Berge

Erntezeit											
J	F	M	A	M	J	J	A	S	O	N	D

Blütezeit											
J	F	M	A	M	J	J	A	S	O	N	D

5 bis 15 cm

Erscheinungsbild

Kleine, aber ausladende, verzweigte, ausdauernde Pflanze. Die Adern der ovalen, glänzenden Blätter treten deutlich hervor, ihr Rand ist tief gekerbt und bildet abgerundete Lappen. Auf der Unterseite sind die Blätter weißlich und behaart. Auf jedem Stängel sitzt eine Blüte mit weißen Blütenblättern und einem Kern aus gelben Staubblättern. Die Früchte sind länglich und gefiedert und erinnern an Löwenzahn.

Verbreitungsgebiet und Standort

In West- und Nordeuropa sowie in Nordamerika; auf den Wiesen und den felsigen Gebieten hoher Berglagen.

Eigenschaften

Die Silberwurz regt den Appetit an und unterstützt den Verdauungsprozess. Außerdem wirkt sie adstringierend und wird gegen Durchfall, Erkrankungen der Mundhöhle sowie Angina verabreicht.

Warnhinweis

Nicht geeignet für Schwangere und Stillende. In hohen Dosen können die enthaltenen Tannine Verdauungsstörungen hervorrufen. **Fachlichen Rat einholen.**

Anwendung

Üblicherweise bereitet man aus den Blättern Tee zu, den man trinkt oder zum Gurgeln verwendet.

Weiße Silberwurz

Dryas octopetala

Erntezeit

J	F	M	A	**M**	**J**	**J**	**A**	**S**	O	N	D

Blütezeit

J	F	M	A	M	J	**J**	**A**	S	O	N	D

Register